中学体育教学改革
与创新研究

朱　江　黄嘉文　王海同　著

吉林人民出版社

图书在版编目(CIP)数据

中学体育教学改革与创新研究 / 朱江，黄嘉文，王
海同著. — 长春 : 吉林人民出版社，2023.11
ISBN 978-7-206-20769-3

Ⅰ. ①中… Ⅱ. ①朱… ②黄… ③王… Ⅲ. ①体育课
－教学研究－中学 Ⅳ. ①G633.962

中国国家版本馆 CIP 数据核字(2023)第 246064 号

中学体育教学改革与创新研究

ZHONGXUE TIYU JIAOXUE GAIGE YU CHUANGXIN YANJIU

著　　者:朱　江　黄嘉文　王海同

责任编辑:明广绪

出版发行:吉林人民出版社(长春市人民大街 7548 号　邮政编码:130022)

印　　刷:吉林省海德堡印务有限公司

开　　本:787mm×1092mm　　　1/16

印　　张:10　　　　　　　字　　数:135 千字

标准书号:ISBN 978-7-206-20769-3

版　　次:2024 年 4 月第 1 版　　印　　次:2024 年 4 月第 1 次印刷

定　　价:68.00 元

前　言

　　体育教学是学校教育的重要组成部分，对于培养学生的身体素质、心理素质和社会素质具有重要意义，是现代全面人才培养发展的新目标。体育作为提高学生素质和推进教学质量的一个重要方面，受到越来越多的学校的重视，并取得了显著的教育成果。为了更好地推进中学体育教学的改革与发展，有必要站在教育前沿的高度，探讨与时俱进的体育教学改革与创新的策略。中学阶段正是学生长身体的阶段，注重个体差异与不同的需求，注重学生的发展，培养学生的体育意识是当今体育教学方法改革与创新的重要措施。在中学体育教学中，要根据学生的特点因材施教，对原有的教学方法进行改革与创新，不断完善体育教学质量。

　　中学生的身体素质与文化素质决定着中华民族的未来，他们是国家的希望。本书属于中学体育教学改革与创新方面的著作，论述严谨、结构合理、条理清晰，致力于提升中学体育教师的教学质量和水平，为教育事业做出贡献。本书对从事体育教学专业的研究学者与体育工作者具有学习和参考的价值。

　　在知识爆炸和学科分支化的今天，对我国中学体育教育是审视必须坚持多领域、多层次的角度，突破单一的学术研究范围，充分联系社会生活、经济状况、科技变革以及中学体育学科的最新发展动态，坚持多学科知识相辅相成、融会贯通。当然，一些专家和学者坚持从教育学的理论视角，对中学体育教育不断地深入研究也是无可厚非的。

目 录

第一章　中学体育教学理论

第一节　中学体育教学策略

一、中学体育教学策略的概念和特点

（一）中学体育教学策略的概念

教学策略是教师为实现教学目的，完成教学任务，在对教学活动取得清晰认识的基础上，根据学生的知识水平、理解与认识能力以及学习过程等因素对教学活动及其因素进行计划、评价和调控所采取的一系列措施的施行过程，包括教学活动的元认知过程、教学活动的调控过程和教学方法的执行过程。体育教学策略是体育教师为达成体育教学目的、完成体育教学任务，根据教学实际情况所采用的教学程序手段、技巧和控制方式，包括对教学全局发生作用的宏观教学策略和由教学方法与技能构成的微观教学策略两大类。

（二）中学体育教学策略的特点

1.灵活性

体育教学策略的产生是为了解决现实的教学问题，掌握特定的教学内容，达到预定的教学目标，收到预期的教学效果。各种教学策略只有在具体的条件下才能发挥相应的作用。同时，由于各种教学策略和需要解决的教学问题之间不存在一一对应关系，同一教学策略对不同的教学对象可能产生不同的教学效果，而将不同的教学策略运用在同一教学对象时也会产生不同的效果。所以，选用教学策略时，要综合衡量教学目

标、教学内容、教学对象和教学环境的具体情况。

2.整体性

要形成有效科学的体育教学策略，必须针对具体的教学需求和条件，从整体上对构成教学的整个过程及其诸要素进行全面综合考虑，最终形成方案，将教学理论和经验应用于教学实践。

3.可操作性

任何教学策略都是针对教学目标的每一具体要求而制定的，具有与之相对应的方法、技术和实施程序。教学策略要转化为教师与学生的具体行动，必须是可操作的。

4.可调控性

由于教学活动元认知过程的参与，教学策略具有可调控的特点。教师应根据对教学进程及其诸要素的认识总结，及时把握教学过程中的各种信息，及时反馈和调整教学进程及其师生的教与学的方法和手段，实现教学目标。

二、常用的中学体育教学策略

（一）优化中学体育课堂时间管理的策略

1.坚持时间效益观，尽可能减少时间的无谓损耗

要坚持时间效益观，最大限度地减少时间的损耗。要提高课堂的时间效益，必须建立合理的教学制度和增强教师的时间观念，提高时间的利用率。

第一，体育教师应尽快进入教学状态，认真详细地备课，精心规划，争取以合理的时间进入教学状态。

第二，减少教学活动中的过渡时间。在体育教学中，教师要安排学生从事不同的练习。练习过程中的队伍调动等候练习、拿取器材变换练习内容时的移动等都会消耗时间，因此，要让各种过渡自然协调、紧凑流畅。

第三，减少和避免突发事件。体育教师在上课前要有预案，尽量减

少并避免突发事件的发生。万一发生时，可综合采用"热""冷"处理。热处理是对刚刚发生的突发事件就地解决。体育教师对突发事件应当机立断，迅速采取对策，达到既能有效解决事件，又能让突发事件转化成教学事件的目的，成为对学生进行教育的契机。冷处理就是体育教师对突发事件采取暂时"悬置"的方式，下课后再行解决的处理方式。

2.适时施教，优化体育教学过程

一般而言，一节体育课学生体力和注意力的最佳时间是上课后的第15～20分钟，要提高课堂的时间效益，体育教师就必须保证在最佳时域内完成主要教学任务，解决关键问题，并辅以精心设计的方法，使教学过程一直向着预定的目标进行，使学生一直处于积极的专注状态。

3.保持合理的信息量，提升知识的有效性

从心理学的角度看，学生的体育学习是一个不断获取信息并加工处理信息从而不断调节、完善认知结构的过程。因此，体育教师要保持一定时间内适度的信息量。当然，体育教师课堂传授的体育知识要尽可能有效。

4.提高学生的专注率，增加学生的学习时间

专注率即教学时间内学生专注于某项教学活动时间所占的百分比。提高学生的专注率旨在增加专注时间，使其尽量接近于分配时间。提高学生的专注率，一是抓住可教时机及时施教，二是选择恰当时机处理学生行为。此外，还要在提高学生专注率的基础上提高过渡时间效率，保障教学各项活动的有机衔接。另外，体育教师通过适当的办法，运用生动形象的途径激发学生的学习兴趣和动机，也可以提高学生的专注率。

增加体育学习时间是指体育教师将体育课中的时间更多地用在教学活动上。要做到这一点，可以从两个方面着手：一是必须以教学为中心。体育课中有很多活动，包括教学活动和非教学活动，体育教师必须将教学时间紧扣在教学活动上。二是减少用于课堂管理和组织教学的时间，虽然课堂管理和组织教学工作是必不可少的，但应该控制在合适的范围内。

（二）安排运动负荷的策略

1.安排每节课的教材和确定课的任务

体育教师在安排教材内容时，应合理搭配不同性质、不同强度、不同密度的教材。因为不同年级、不同教材、不同类型的体育课，其运动负荷是不同的。在教材内容的安排上，可以将负荷大和负荷小的练习交替安排，如强度较小的走投与强度较大的跑、跳等内容的组合。

2.合理调节运动负荷

一般来说，一节课的运动负荷模式有标准型、双峰型、前高后低型、前低后高型等多种模式。但不管采取哪种模式，运动负荷总的调节策略应是高低结合，动静交替。在教学中，常用脉搏测量、询问法、观察法等方式测量和了解运动负荷。

（三）减少和预防运动损伤的策略

1.教师方面

加强专业思想修养，敬岗爱业，关爱学生，增强责任意识，估量每节课可能存在的安全隐患并准备相应的安全措施；加强专业理论和技术的学习，与时俱进，针对学校及学生的实际情况，采用适应性教学；制定各种规章制度并长期坚持，如体育课堂教学常规、场地器材安全制度、场馆使用制度、游泳池使用制度、学生体检制度等；科学合理地安排授课过程，选配内容要合理，高难度动作不安排在活动能力下降阶段，某一局部动作不宜安排较长、较大的运动负荷等，还应根据天气情况合理安排教学；正确的动作技术教学是指体育教师上课时必须进行正确示范、科学合理地教学，使学生能熟练地掌握运动要领，预防运动损伤；提高教学场地的安全性，如场地设施、保护器材设置是否牢固结实，沙池是否平整松软，学生着装是否适宜以及课堂中是否存在其他安全隐患等，如在进行投掷练习时，必须讲授投掷规则、捡拾器材的要求和时机、排队等待的学生的分布位置、强调注意事项与要求；有效的教学管理组织应加强组织纪律性教育，确立"安全第一""预防为主"的指导方针。

2.学生方面

增强学生的安全和自我保护意识，学会遇到意外事故时能够进行自我保护，学生之间应学会在练习中相互保护与帮助；提高学生的身体素质，注意准备活动和整理活动，减少运动中拉伤韧带、肌肉或扭伤关节的概率，减少慢性劳损的积累。

3.场地器材的选择方面

改善场地设施条件、改善练习环境、修复或者更换损坏的器材都可以减少学生受伤的概率。

（四）安排练习密度的策略

保持合适的体育课的练习密度是提高体育教学效果必须注意的问题。在实际教学中，由于影响课程密度的因素很多，如地区、季节、教学阶段、课程类型、教材、教学条件以及教学对象的性别、年龄、体质体能、技能水平和精神状态等方面的差异都能对课程的密度产生影响，因此，难以用某一绝对标准评定课程密度的合理性。在实际教学中，体育教师可以综合考虑以下三种因素。

1.根据教学目标确定练习密度

每一堂课的具体教学目标不一样，其练习密度也应有所区别。在讲授新课中，教学因素必然要多一些，包括教师讲解、示范、教法的时间以及学生观察、理解、分析动作的时间都要相对增加，练习时间相对减少，练习密度可以降低；而在复习课和提高身体素质的课上，"教"的因素相对少了，练习密度可适当增加。

2.根据练习强度确定练习密度

对于强度较大的练习，间歇时间可适当延长，即练习密度小一些，使学生能得到必要的休息和恢复；而强度较小的练习，则可以安排较大的练习密度。

3.根据气候确定练习密度

夏天气温高，如果练习密度过高、运动量过大，可能导致心跳加剧、头晕恶心甚至中暑等情况，影响学生健康。而冬季气温较低，肌肉粘滞性增大，要以较大的练习密度和运动量才能让身体发热或活动开，以便进行体育学习和锻炼。

（五）促进师生交往的策略

良好的师生关系能使学生保持稳定的情绪、愉快的心境、敏锐的智力，适应周围的生活环境，与他人建立和谐的关系，保持平稳的心理状态。师生之间关系融洽有助于更好地发挥教师的主导作用和学生的主体作用，提高教学效率。

要促进良性的师生交往，应从建立正确的师生观入手。民主平等的沟通是建立新型师生人际关系的前提与基础。体育教师应该树立平等民主的师生观，对学生一视同仁、平等对待，全面了解学生，走进学生的心灵。体育教师要以发展的眼光赏识学生，用鼓励性的语言评价学生的行为，同时还应注意培养和保护学生的自信心，维护学生的自尊。学生越能感受到体育教师的爱心，就越亲近和信任体育教师，体育教师的教学就越容易被学生理解和接受，从而引发符合体育教师期待的意志和行为，体育教学也能收到更好的教学效果。

与此同时，体育教师要树立自己的威信，赢得学生发自内心的尊重。要想使自己成为学生的表率和楷模，就必须以职业道德的规范严格要求自己，不断加强自我认识、自我教育、自我改造和自我提高。

（六）安排心理负荷的策略

在体育教学中，学生的心理负荷是指学生在学习和练习的过程中，神经系统保持紧张与兴奋的程度和时间的长短、心理能量消耗的多少等应激反应的总和一般包括注意、情绪、意志这三方面的负荷。在体育教学中，只有学生的运动负荷和心理负荷保持适宜，才能收到较好的教学效果。同时，学生的心理负荷变化具有一定的阶段性。在 40 分钟体育课中，学生的注意高峰一般出现在课的前区 15 分钟处，情绪高峰一般出现在课的中前区 4～8 分钟和后部 36～40 分钟，意志高峰出现在课中20～30 分钟。

在体育教学中，教师要根据人体心理变化规律、教材特点、学生的实际以及器械、气候等因素合理确定课的心理负荷曲线,既要与教学进程相联系,又要与生理负荷相配合,使学生的心理负荷高低起伏,并与生理负荷相互调节,相互补充。同时要注意休息和调整,使体育课对学生身心发展的影响更加全面、有效。

一般来说,体育活动中学生的情绪负荷要保持合适的强度和量,且需有积极愉快的情绪伴随,让学生在快乐中参与运动。学生的意志负荷不应太大,应确定让学生通过一定的努力就能完成任务,从而体验到成功的喜悦,增强自信心。这就要求教师在安排教材时充分考虑学生心理发展的特征,所选的内容难易适当,直观性强。同时还应循序渐进、因材施教。例如,由于大部分学生十分喜欢游戏,学生在游戏中的注意负荷、情绪负荷、意志负荷都较高,因此,在体育教学中,教师应多安排趣味性、针对性强的体育游戏,再结合教师生动形象的讲解与示范调动学生活动的积极性,提高学生锻炼的效果。总而言之,教师应采取适当的措施,使学生保持良好的情绪。

(七)激发学生动机的策略

良好的动机能促成学生的学习需要,也是学生积极主动地进行体育学习和创造性地探索的决定因素之一。在教学实践中,体育教师可以通过激发学生的内在需求,创造外在条件,激发学生的自我调节作用,培养学生的学习动机。具体来说,体育教师可采取以下策略。

1.了解学生的动机

体育教师只有掌握了学生的学习动机,才知道怎样进行调整。体育教师可以利用问卷调查、单独交谈,小组讨论等形式了解学生的学习动机。从小处着眼,从尊重学生的人格做起,以激励性评价促进学生的发展,从而更有效地激发学生的学习动机,并发挥最有效的影响和作用。

2.提高学生的参与程度

体育教师需要帮助学生认识学习不同内容领域的价值,并让学生相信,有投入就会有所收获。特别是对于体育成绩不理想或是性格内向的学生,教师要给予更多的关心和帮助,提高其主动参与性。体育教师尽量为他们创造成功的机会，让他们体会到成功的快乐，从而激发学生更强烈的学习动机，提高其学习的主动性，提升教学效果。

第二节　中学体育教学方法

一、中学体育教学方法特点分析

（一）中学体育教学方法概述

体育教学方法是为了实现体育与健康教学的目标，根据教学内容、教学对象、教学环境、教学条件等因素，激发、组织、指导学生进行体育与健康学习活动所采取的教与学相互作用的活动方式的总称。当前，随着体育新课程的全面实施，出现了各种新兴的体育教学方法，并发挥着积极的作用。

（二）中学体育教学方法的特点

根据体育教学所要实现的不同任务或目标、体育教学的时空条件以及体育教学以身体练习活动为主的特点，体育教学方法一般具有以下特点。

1.体育教学方法能动员多感觉器官协同工作

在体育教学过程中，师生双方不仅需要通过视觉、听觉感受器接收信息，还要运用动觉、位觉、触觉等感知自己身体的动作，尤其是通过本体感觉感知自己身体运动时用力的方向和动作的幅度大小。

2.体育教学方法能使运动和休息合理交替

在体育教学过程中，学生要接受生理和心理的双重刺激，承受一定的运动负荷。体育课需要减轻所产生的疲劳，在这个过程中，体育教师可以运用转换练习，改变练习的难度、组合、条件和环境，改变休息方式、时间等因素的方法，保证学生的学习效果。

3.体育教学方法能使感知、思维和练习活动联系密切

在体育教学中，学生需要运用视觉听觉等感觉器官，接收教师发出

的各种信息，这些信息传到大脑皮层，经过大脑的分析和综合，再以指令的形式传出，指挥身体进行相应运动。这其实是感知、思维和练习这三个环节的紧密结合。这种紧密结合反映了体育教学过程具有认知和实践、心理活动和身体活动紧密结合的特点，即体育教学活动既是身体活动，也是认知和实践、心理活动和身体活动的紧密结合。

二、中学体育教学方法的分类

（一）以教师的"教"为主的"教法"

1.讲解法

讲解法是指体育教师运用语言向学生说明教学目标、动作名称、动作要领、动作方法和要求，指导学生学习和掌握体育基本知识、技术和技能的一种方法。在体育教学中运用讲解法时，应当注意以下几个方面。

（1）讲解的目的要明确，具有教育性。体育教师应根据教学任务、教学内容、学生的接受能力进行讲解。讲解要有计划性和针对性，能使学生较好地理解动作的要领、重点和难点。

（2）讲解的语言要生动、形象、简明、准确。体育教师讲解时口齿要清晰，用词要准确，讲解要简明扼要，善于运用形象的比喻和口诀。

（3）讲解要富于启发性。体育教师讲解时应善于提出问题，启发学生的积极思维；提出的问题要深浅适度，既有兴趣性，又有启发性，利于培养学生积极参与的精神。

（4）讲解应注意时机和效果。根据教学的实际情况，体育教师应把握讲解的时机，提高教学的效果。例如，在课程的开始部分，应先讲清本次课程的任务和教学内容，做到语言简明、声音洪亮。对于新教材，一般都在练习前进行讲解。在讲解动作重点、难点的时候可配合手势和语调变化，以提高讲解效果。当学生正在练习的时候，特别是做危险性较大的动作时，一般不讲解，必要时可进行简短提示。

（5）讲解应与示范相结合。讲解与示范结合能使学生在获得语言刺激的同时，感受到直观的动作形象，以促进其较快地形成运动表象。

2.示范法

示范法是体育教师（或指定学生）以具体的动作为范例，使学生了解所要学习动作的结构、过程和要领的一种教学方法。示范法的种类较多，可按照一定的逻辑进行分类。

（1）按照示范的速度进行分类，可分为常速示范和慢速示范。常速示范一般在某种教材教学的开始阶段，为使学生建立完整的动作表象时使用；慢速示范通常是在为了更好地表现动作的结构和时空特征时使用。

（2）按照体育教师示范的方向进行分类，可分为正面示范、侧面示范、背面示范和镜面示范。正面示范是指体育教师做身体练习时面向学生进行的示范，通常是为了表现人体的左右移动；侧面示范是指体育教师做身体练习时侧向学生进行的示范，通常是为了表现人体的前后移动；背面示范是指体育教师做身体练习时背向学生进行的示范，通常是为了表现较为复杂的身体练习技术；镜面示范是指体育教师在与学生做同一个身体练习、在同一个节拍的条件下，以自身所出的左或右肢体与学生正好相反，同时面向学生进行的示范，通常用于技术结构简单又需要学生模仿的身体练习，如徒手体操或广播体操等。

此外，体育教师的示范还可分为完整示范和重点示范、正确示范和错误示范，高位示范和低位示范等。

运用示范法时应注意下面的事项。

第一，示范要正确。良好的示范应该准确、熟练、放松、优美，对学生建立正确的动作表象，提高学生的练习兴趣和积极主动性具有重要的作用。在课前，体育教师应当认真地准备示范动作，以确保教学中示范的质量。

第二，示范要有明确的目的。体育教师示范要有明确的目的，每次示范前，应根据教学任务的目的和要求以及学生的具体情况考虑示范的内容和方法，利于提高直观教学的效果。

第三，示范位置要适当。示范的位置与身体练习的特点，学生队形、天气情况等有关。通常情况下，示范位置的选择应有利于全体学生无干扰、易观察，同时又易于体育教师管理课堂。

第四，示范要紧密结合讲解。示范与讲解结合的形式有三种：一是先讲解后示范，多用于新教材的教学；二是先示范后讲解，一般在复习旧教材时使用；三是边讲解边示范，多用于技术简单或学生较熟悉的练习。

3. 演示法

演示法是教师在体育教学中通过展示各种实物或直观教具，让学生通过观察获得感性认识的教学方法。在中学体育教学中，较为常见的演示方法包括可活动的人体模型战术板、图片和图画等小道具，另外还有幻灯、电影、计算机等。

（二）以学生的"学"为主的"学法"

1. 练习法

练习法是指学生在体育教师的启发与指导下，根据体育教学的任务和要求，有目的地反复进行身体练习的方法。练习法包括重复练习法、变换练习法和循环练习法三种形式。

（1）重复练习法

重复练习法是在不改变身体练习的技术结构和运动负荷的表面数据的条件下，进行反复练习的方法。重复练习法是学习技术、发展体能的最基本的方法。根据练习中是否有间歇，重复练习法又可分为连续重复练习法（或称为持续练习法）和间歇重复练习法。一般而言，一些周期性的运动项目和发展耐力的身体练习，如游泳和中长跑，通常采用连续重复练习法。对于一些非周期性的运动项目，如篮球的连续传接球练习等，可以赋予周期性的特点，也可采用连续重复练习法。

运用间歇重复练习法要根据教学的任务和学生的特点确定间歇的时间，如发展速度和速度耐力的重复跑，在练习中不仅应对其运动负荷的外部数据和技术提出要求，还应根据学生的身体条件，对练习与练习之间的休息形式和间歇的时间提出具体要求。在体育教学中，对于中学生来说，间歇重复练习法的间歇时间应以学生的身体恢复情况为标准，这一点与专业运动训练中的间歇训练法有很大区别。

（2）变换练习法

变换练习法是在变化的条件下反复进行练习的一种方法。变换练习法中所讲的条件是指身体练习的要素、身体练习的组合、器械的高度与重量以及练习的环节等。通过变换练习，可提高学生中枢神经系统的灵活性，刺激人体更快地适应，从而有效地提升人的体能状况，提高学生的体育学习兴趣。

根据练习中是否有间歇，变换练习法又可分为连续变换练习法和间歇变换练习法。连续变换练习法普遍适用于周期性的运动项目，如变速跑。对提高同一种身体素质的练习，体育教师还可以通过改变练习的器材和环境提高学生的学习效果，如把平时在练习场地内的耐力跑改为越野跑，把举哑铃改为双杠屈臂撑，等等。

（3）循环练习法

循环练习法是根据练习的任务和需要，体育教师预先选定若干练习手段作为练习站（点），学生按规定的顺序和练习的要求，依次逐站（点）进行练习的方法。循环练习法是重复练习法和变换练习法的结合形式，其特点是有多个练习手段，练习过程循环运动负荷较大，练习的程序和要求可根据练习的任务和学生的特点以及教学的条件进行设计。

运用循环练习法时须注意几点：一是选择身体练习，确定练习的运动负荷、练习站（点）的数量和循环顺序都应服从练习的任务。一般而言，以改进和提高技术为目的时，练习站（点）的数量可适当减少；以发展体能为目的时，练习站（点）可适当增加。二是选择的练习方法和教材应是学生比较熟悉的，如复习教材或学生练习过的辅助练习。三是选择的练习应能够全面发展学生的身体，注重上下肢的搭配、发展各种身体素质教材的搭配和对学生道德意志品质的培养。四是各练习站（点）身体练习的难度应适当搭配。五是安排好运动负荷。循环练习的总负荷应适当，即各练习站（点）的负荷以及练习站（点）与练习站（点）之间的休息时间也应合理安排。一般可以从学生最大负荷能力的三分之一开始，再逐渐增加，不超过学生最大负荷能力的三分之二。站（点）的练习量较大时，强度应小一些；反之亦然。各站（点）之间可安排适当的休息，各站（点）的运动负荷应大小间隔搭配。练习循环的次数也可视教学的任务、学生的条件及其需求而定。六是严密组织。运用循环练习法时，有众多的学生同时进行不同的练习，体育教师应进行合理的设计与组织，避免发生教学事故。

2.游戏法和竞赛法

游戏法是指为了完成教学任务而运用各种游玩娱乐性质的练习的方式。其特点是不仅有一定的生活情节和思想性、娱乐性，还具有竞赛因素和趣味性、观赏性，能引人入胜。游戏法形式生动活泼，内容丰富多彩，操作简便易行，是广大中学生最感兴趣且乐于参与的活动之一。游戏法有一定的规则要求，能激励学生充分发挥集体和个人的智慧，有利于学生体能、智能和品行的发展，是完成体育教学任务的重要而有效的辅助手段。

竞赛法是按照比赛的规则，充分发挥学生的体育技能和体能，通过相互竞争决定胜负的练习方法。其特点是规则清楚、竞赛激烈，能充分动员学生的体力、智力，发挥学生的技能和潜能以及心理适应能力，可培养学生良好的个性和优良的道德意志品质。

运用游戏法和竞赛法时必须注意几点：一是要有明确的目的。在运用游戏和竞赛法时，应根据教学目标和学生特点选用并周密细致地组织活动。二是调控好运动负荷。在运用游戏和竞赛法时，学生大多比较兴奋，运动负荷易超量，因此，体育教师应根据规则及其要求、教学内容、时间场地大小等条件，调控好运动负荷。三是注重对学生的思想和智力的培养。体育教师在学生活动前应讲清楚具体的要求，在活动中应认真观察学生的表现，及时指导学生的练习，发展他们的智力和运用技战术的能力，并能适时地进行思想品德教育。四是活动结束时需要进行必要的讲评。

3.自主学习法

（1）探究学习法

探究学习法是体育教师在教学中精心创造条件，向学生直接提出问题或者启发学生提出问题，并以问题为主线，有意识、有目的地引导学生在体育活动中发展和提高运动技能、培养情感与态度、拓展体育素养的一种教学方法。

（2）合作学习法

合作学习法是以教学目标为导向，以异质小组为基本组织形式，以教学中各种动态因素的互动合作为动力资源，以团体成绩为奖励依据的一种教学活动和策略体系。

（3）念动学习法

人的运动技能的形成过程与想象中的技术有直接关系，而用语言或默念的方法对技术动作进行描述，可加深大脑的影响。利用这一原理，将动作要领的描述与回忆同时进行，并在加深理解技术动作的基础上，通过练习使学生学会自我调节、自我控制，这种学习方法就是念动学习法。

（三）以师生共同参与、互动完成为主的教学方法

1.情境教学法

现代教学理论和实践强调在教学中运用以陶冶情操和欣赏活动为主的教学方法，运用情境教学法就有这方面的意义。

2.纠正错误动作与帮助法

纠正错误动作与帮助法是体育教师为了纠正学生的错误动作所采用的教学方法。在体育教学中，学生的技能提高是伴随着错误动作的不断出现与不断纠正进行的。体育教学中的纠正错误动作和帮助法不仅是学生掌握运动技能的需要，也是避免运动损伤的需要。

纠正错误动作与帮助法的具体措施有两个方面：一是运用语言和直观方法，使学生建立正确的动作概念，用生动而准确的描述性语言和手势等帮助学生明确动作的顺序、要领，运用各种诱导性、转移性练习，

防止原有技能干扰。二是根据错误动作的性质，可采用限制练习法、诱导练习法和自我暗示法等进行纠正。

纠正错误动作与帮助时应注意：体育教师在指出学生动作的错误之处时，要充分肯定学生的进步，以利于学生接受和增强改错的信心；纠正主要的错误动作；要合理使用各种方法纠正错误动作。

第三节 中学体育教学组织

一、中学体育教学组织的概念

体育教学组织是指体育教学活动中师生相互作用的结构形式，是师生的共同活动在人员、程序、时空关系上的组合形式。采用合理的体育教学组织形式，有利于提高体育教师教学的效率，并使各种有效的教学方法和手段得以在相应的组织形式中运用，也有利于促进教学活动的多样化，从而实现教学的个性化。

二、中学体育教学组织的基本形式

体育教学组织形式就是为了完成特定的体育教学任务，体育教师和学生根据一定的体育教学思想、教学目标和教学内容以及教学主客观条件组织教学活动的结构。采用合理的体育教学组织形式能够提高体育教师教学工作的效率，使各种有效的教学方法和手段得以在相应的组织形式中运用。体育教学组织形式处于动态的发展变化之中，其改变总是同体育教学方法的改革乃至整个教学体系的改革紧密联系的。

（一）集体教学

1.班级授课制

（1）班级授课制的概念

班级授课制是由一定数量、年龄、文化程度和体育基础的学生组成教学班，教师根据规定的教学内容、教学进度、教学时间表，对学生进行集体教学的一种组织形式。班级授课制也叫作课堂教学，具有五个

"固定"的特点：一是学生固定。按照学生年龄、文化程度和体育基础分成固定人数的班级，通常由 30～50 个的学生组成。二是教师固定。一般由同一个体育教师对同一班级进行教学，教师对该班体育课全面负责。三是内容固定。教师根据课程标准和教材向学生传授统一的体育教学内容，统一教学进度。四是时间固定。有统一的教学日历，有统一的作息时间表，保证了课与课之间的合理衔接。五是场所固定。有相对固定的运动场地或场所。

（2）班级授课制的优越性

班级授课制可以大规模地向全体学生进行体育教学，一位教师能同时教许多学生，扩大了单个教师的教学规模，有助于提高教学效率，而且使全体学生同步前进。它以"课"为教学活动单元，能保证学习活动循序渐进，并使学生获得系统的体育与健康知识，保证了教学的系统性。而且固定的班级人数和统一的时间单位有利于学校加强教学管理。

在班集体中学习，学生彼此之间由于共同目的和共同活动集结在一起，可以互相观摩启发、切磋、评价；学生可与教师及同学进行多向交流，互相影响，从而增加信息来源。

班级授课制不仅能比较全面地保证学生获得系统的体育与健康知识、技能和方法，提高身体素质，提高运动能力，也能保证对学生进行多方位的非智力因素的积极影响，有利于学生多方面发展。

2.分组教学制

分组教学是体育教师把学生按体育运动能力或成绩分为不同的组别进行学习的组织形式。在体育教学中，一般可以采用以下分组形式。

（1）性别分组。这是按男女分组分别进行教学，特别是高年级男女生，其身体和心理等方面存在较大的差异，有一些运动项目不宜采用混合分组形式。

（2）帮教型分组。根据教学的需要，在体育教学中，可以组织部分学生直接对其他学生进行帮助，形成帮教型分组。例如，有一定专项技能的学生可以在自己所擅长的练习中帮助其他能力弱的同学，有时还可以指定学生进行"一帮一"的辅导。

（3）同质分组。这是指分组后同一个小组内的学生在体能和运动技能上大致相同。这种分组方法在教学中常得到运用。例如，在短跑练习中，学生总是要找与自己速度差不多的同学一起跑。在进行耐力跑练习时，一圈刚过，队伍就已经分成了几段，这时形成的"集团"就是典型的同质分组。同质分组的优点在于能增强活动的竞争性，符合学生争强好胜的性格，提高学生参与活动的兴趣。

（4）兴趣分组。体育教师根据实际情况确定一节课中包括几种练习内容，让学生从中选择自己感兴趣的项目进行练习。这种分组适用于男女合班教学，且教学内容、教学目标有着明显的性别差异，有利于培养学生的特长，发展个性，有利于培养学生体育锻炼的习惯，尤其适用于有一定基础的高年级学生。

（5）友伴型分组。在体育课分组教学中，体育教师安排关系较为密切的学生在一起练习，这就是友伴型分组。在体育教学中采用友伴型分组，可提高学生的学习热情，使每一名学生都能体验到体育活动的乐趣。与关系密切的同伴在一起练习，学生的心理会放松，并能得到友情的支持。例如，一名不会打篮球的学生处在一个友伴群体中，若其友伴用友好的态度热情地鼓励其一起打篮球，并给予其指导和帮助，这会让这名学生觉得很放松。

（6）异质分组。这是人为地将不同体能和运动技能水平的学生分成一组，或根据某种特别需要将不同体能和运动技能水平的学生安排在不同的组内，从而缩小各小组之间的差距，以利于开展游戏和竞赛活动。例如，在进行接力跑游戏前，通常将跑得较快和跑得较慢的学生合理地分配在各个小组里，以确保游戏的公平性，此时形成的小组就是典型的异质分组。

（7）健康分组。体育教师根据学生各自的健康状况进行分组的组织形式，如体胖组、体弱组、近视组等，这种分组形式更有利于因材施教。

（8）随机分组。这种分组可以通过电脑对姓名的随机排列，猜"手心手背"、玩"包剪锤"、抛硬币、报数尾数，甚至采用扑克牌的数字排列或者红黑方梅等分组方法，带有很大的随机性，挑战与机遇并存，很适合游戏和竞赛等活动。

以上各种分组形式并不是孤立的，有时一节课上会综合运用多种分组形式。在实际教学中还有其他许多分组形式，如按身高、年龄、性格、纪律性等分组方法，体育教师可结合实际情况灵活选择，合理把握。

（二）个别教学

个别教学是体育教学组织的基本形式之一，其优点是可根据每个学生的能力和特点进行不同的教学指导，纠正个别学生在技术掌握上的错误。由于每个学生的兴趣、爱好不同，在体育教学组织形式中的个别差异是普遍存在的。随着现代教学理论的突破和教学实践的探索，体育教学个别化的趋势也日益强烈。个别教学能充分照顾到每个学生的不同情况和特点，从而适应并注意学生的个性发展，激励学生积极主动地参加学习活动，培养学生自我学习、自我发展。在个别教学的组织中，学生除了直接与体育教师保持联系外，学生之间也存在着密切联系。在教学中，让学生自由结成"友伴群体"，按教师的要求创造性地进行锻炼，在互为教练、互相帮助的过程中，更好地发挥学生学习的自主性。

三、中学体育教学组织的基本过程

（一）体育课的准备

1.钻研教材，设计教法

教材是一堂课的依据和内容，组织教法是如何上好一堂课的重要保证。熟悉教材、钻研教材、研究教法是提高体育课堂教学效果的重要环节。体育教师应认真钻研课程标准和教材，明确教材的意义任务、特点、内容、要求，不断总结教学经验。设计的教法要灵活，手段要多样，让每个学生有充分发挥自己特长的机会，从而体验到获得成功的快乐和喜悦。

2.了解学生，准备场地器材

全面了解学生是提高体育教学效果的根本保证之一。体育教师应分析学生的不同年龄特点、身体健康水平、体育基础心理状态等因素，要因人而异地采取相应的教学手段，达到提高课堂教学效果的目的。对待内向的学生，体育教师应多表扬和鼓励，培养他们的自信心；对待活泼的学生，体育教师应多引导他们发挥其特长，做好每一个练习，培养他们善于集中注意力的良好品质，促使他们不断增强意志、精益求精，从而更好地完成学习任务。

3. 编写体育教学设计

教学设计的编写是体育课准备的必备环节，主要从教学时间、教学对象、教学内容、教学目标、教学过程和时间安排、教法和学法、练习次数和时间、场地器材的规划、运动负荷的预计等方面着手。

4. 预计体育课的实施效果

对于课的效果预评，应遵循定量和定性预计相结合的原则。定量指标主要包括课的最高心率、平均心率、练习密度等方面；定性指标主要包括学生的情感、态度、交往等方面。

5. 安全措施的规划

安全措施的规划是体育教学圆满完成的重要保障。体育教师要高度重视体育课的安全教育规划，特别是进行器械体育课的教学时，对安全教育和安全措施的采用必须详细具体，以确保教学的安全。

（二）体育课的实施

1. 有明确的发展体能、技能的目标

发展体能、重视运动负荷是体育课教学独有的理论和实践基础。良好的力量、耐力、速度、柔韧平衡协调性等身体素质不仅是学生健康成长的重要方面，而且是提高学生体育基本技术水平和运动能力的基础。发展体能和提高运动技能水平是相互促进、相互制约的，有时只有具备了一定的体能素质才能掌握和完成某项技术动作，而某些动作技术的反复练习过程也能够发展相应的体能。因此，为了提高兴趣和教学效率，要多结合运动技能的学习和练习发展相关的体能。

2. 有科学正确、时效性强的教学内容

在新的社会历史条件下，体育教师要树立发展、开放的教材观，不断学习现代教育教学理论，结合学生的发展水平，把握教材、使用教材，优化教学内容，促进教学内容的现代化，增加具有较强时代性、学生喜闻乐见的体育项目，以提高学生的兴趣与热情。

3.运用合理的教学方法

关于体育课的教学方法有很多，每一种教学方法都有其优势，有其最合适的适用范围。体育教师在选择时应遵循"教学有法、教无定法、重在得法、贵在创法"的十六字方针，密切结合学生的实际情况和诸多教学条件的实际情况，合理运用教学方法。

4.合理分配体育课的时间

体育课时间分配的合理性主要依赖于两个因素：一是体育教师在教学中实际所用的时间是否充分；二是学生专注的时间量。如果体育教师所用的时间分配都充分恰当，学生注意力集中时间长，效果就会比较好。

在体育教学中，合理分配时间表现在这五个方面：一是培养学生的时间意识和高效利用时间的观念。二是体育教学活动应最大限度地指向教学内容。三是将更多的时间花费在与教学内容相关的师生互动的过程中，花费在和学生从事学习直接相关的活动上，如增加学生的练习时间，合理安排练习站点和路线，减少学生的练习等待时间，增加学生的比赛时间，减少维持学生秩序、讲解规则、队伍调动方面的时间以及与学习无关的活动的时间。四是制订周密合理的教学计划，防止体育教学突发事件的发生或恰当及时地处理各种突发事件，将突发事件耽误的时间减少到最低限度。五是经常评价体育教学时间的利用情况，分析时间浪费的原因，总结经验，减少时间浪费的发生概率。

（三）体育课的评价

体育课的评价是体育教学组织过程的最后一个环节，其目的是要及时发现体育教学过程中存在的问题，以发挥评价的反馈、激励、教学等功能。体育课的评价主要包括教学设计的评价、教师教的评价及学生学的评价，当前呈现出评价主体多元化、评价内容多样化的趋势。

四、中学体育教学组织形式的发展趋势

（一）班级授课制仍是基本组织形式

迄今为止，班级授课制本身的优势仍是其他教学组织形式无法代替的。班级授课制自创立到运用已有数百年历史，但至今仍没有哪种教学组织形式能完全取代它。班级授课制不但教学效率高，而且有利于学生之间互相学习、互相交流情感，更有利于培养团结协作的集体精神及学生健康个性品质的形成。班级授课制在不断完善与更新，并在同其他体育教学组织形式相结合的过程中，仍显示出其强大的生命力，仍将是体育教学的基本组织形式。

（二）班级教学规模小型化

班级教学至今仍是世界各国教学的基本组织形式，要最大限度地发挥课堂教学的优越性，尽可能地实施因材施教，班级规模的合理性是一个重要的条件。在小班教学中，由于学生人数少，教师的备课量较小，而且不用花大量的时间管理学生和维持课堂纪律，从而使教师从繁重的日常琐事中解放出来，更能集中精力搞好教学工作，有利于提高教学效果和质量。另外，在小班教学中，增加了教师与每个学生接触的机会，教师能及时解答学生的疑难问题，每个学生也有更多的机会参与教学活动，有利于因材施教。

（三）教学组织形式多元化

由于科学技术的发展，使得教学组织形式越来越现代化。在现代社会，学校将目光转向课外甚至校外并研究其组织形式，以此作为正规教学的补充和扩展。目前，各种课外校外活动形式多样，内容丰富多彩，吸引各种年龄和各种爱好的学生参加。

（四）体育教学组织形式从"教"向"学"的方向发展

新的体育教学组织理念主张用教学思想指导教学设计，在教学方法以及教学管理方面均以学生为中心。这种教学组织形式有利于激发学生

的学习兴趣和进行合作学习，有利于培养学生的主动发现和探索的精神，有利于情境创设和对大量知识的获取与保持。

第四节　中学体育教学手段

一、中学体育教学手段的概述

（一）体育教学手段的概念

体育教学手段是师生在教学中相互传递信息的工具、媒体或设备。随着时代的变迁和科学技术的发展，教学手段经历了口头语言、文字和印刷教材、电子视听设备和多媒体网络技术这几个使用阶段。传统教学手段主要指教科书、粉笔、黑板、挂图等；现代化教学手段是与传统教学手段相对而言的，指各种电化教育器材和教材，即把投影仪、录音机、录像机、电视机等引入体育课堂，作为直观教具应用于体育课的教学中。

（二）体育教学手段和体育教学方法的区别

体育教学方法是在体育教学过程中，体育教师和学生为实现体育教学目标和完成体育教学任务而有计划地采用的，可以产生教与学相互作用的，具有技术性的教学活动和行为方式，是每节体育课中体育教师必须采用的。体育教学手段是体育教学中师生传递信息和加强学习的辅助性工具，一般表现为"有形"的实物形态。在没有教学手段的情况下，教学任务也能完成，但是有了教学手段，教学任务会完成得更为理想，学生的学习效果会更好。

（三）现代体育教学手段的分类

现代教学手段是指利用现代技术储存和传递教学信息的工具，如投影仪（片）、录音机（带）、电视机（节目）、录像机（带）、计算机等，大致可以分为四类。

第一，电声类，包括收音机、录音机、扩音机、微光唱机以及相应的教学软件。该类教学手段能够录取语言和声音，根据需要重放；能够将声音放大，扩大教学面；传递信息迅速，不受时空限制。

第二，电光类，包括幻灯机、投影仪等以及相应的教学软件。该类教学手段能使学生在静止状态下观察扩大的图像；能将某些实物、标本放大显示，放映时间可长可短，不受限制，教学软件的制作较为简单；投影片还可以当成黑板使用。

第三，影视类，包括电影放映机、电视机、录放像机、闭路电视系统、广播电视系统、卫星电视系统以及相应的教学软件。该类教学手段能够带给学生视觉和听觉两方面的信息，能以活动的图像，逼真、系统地呈现事物及其变化发展的过程，能调节事物和现象所包含的时间要素，将缓慢的变化或高速的动作清楚地表现出来，能将实物扩大或缩小，具有速效性、同步性和广泛性的特点。

第四，计算机类，包括程序学习机、多媒体教学系统以及相应的教学软件。该类教学手段能长期储存大量的教学资料，供师生在任何时候提取检索；能把学生的反应记录下来，进行综合分析；能为学生创造良好的自学条件，使其按照自己的水平和能力进行学习；能进行远程交互学习，实现资源共享。

（四）现代教学手段的特性

1.重现性

重现性是指教学手段不受时间、空间的限制，能将记录、存储的内容随时重新使用的性质。不同教学手段的重现能力是不同的，如实时的广播与电视瞬间即逝，难以重现；录音、录像与电影手段能将记录存储的信息反复重放使用；幻灯、投影与计算机课件能根据教师与学生的需求反复重现。

2.表现性

表现性是指各类教学手段表现客观事物的时间、空间、声音、颜色以及运动特征的性质。由于信息是事物的表征，不同的教学手段用不同的符号表征或描述事物，因而对事物的运动状态与规律具有不同的表现力。

3.传播性

传播性是指教学手段把各种符号形态的信息传递到一定空间范围内再现的性质，有无限接触和有限接触之分。如计算机网络和有线电视系统能将信息传送至较为广阔的范围，而幻灯、投影、录音、录像等只能在有限的教学场所播放等。

4.参与性

参与性是指在应用教学手段时，学生有参与活动的机会，包括行为参与和情感参与。如电影、电视、广播等教学手段具有较强的表现力与感染力，容易引起学生情感上的反应，从而激发他们情感上的参与；而多媒体计算机的交互作用能使学生在上网学习过程中根据本人的学习需要控制学习进程，因此，是一种行为与情感参与程度高的教学手段。

5.可控性

可控性是指使用者对教学手段操纵控制的难易程度。幻灯、投影、录音、录像及计算机手段等比较容易操纵，并适合个别化学习。

二、现代中学体育教学手段的运用

（一）现代中学体育教学手段运用的基本模式

1.辅助式

辅助式是指体育教师根据体育课的任务和要求，借助教学媒体向学生讲授理论知识或传递教学信息，师生进行双向反馈。采用这种模式，要求体育教师选择恰当的媒体，运用正确的方法。在体育教学中，各种新授课经常采用这种模式。

2.直接式

直接式是指学生在体育教师的统筹安排下，直接借助教学媒体进行体育学习，这种模式一般适合于具有一定身体锻炼或体育与健康理论知识基础的学生。

（二）现代中学体育教学手段的选择和运用

1.现代体育教学手段选择和运用的基本原则

选择现代教学手段的基本原则是根据教学手段对促进教学目标的达成所具有的潜在能力进行选择和利用，这个潜在能力就是指教学手段本身的特性和教学功能。

2.现代体育教学手段选择和运用的具体原则

根据学习目标类型和学生特征选择和利用教学手段。没有一种手段对所有的教学目标都是最佳的，各种手段都有其长处和短处。一种教学手段对某一教学目标来说，可能会比其他手段更有效。同时，新的教学手段的产生也不会代替旧的教学手段，它们应作为整个教学资源中的组成部分，各尽其能。在选择教学手段时，应考虑其易获得性。在现实条件下，应考虑学校或地区能否获得，学生是否可以接触到，教学手段的获得使用手续是否烦琐等因素。应考虑教学手段的成本效益。通常要考虑使用教学手段可能得到的效益与制作或使用教学手段时需要付出的代价（时间、人力、物力等）的比值。一般来讲，针对教学效果相同的手段，应选择代价低的。体育教师必须熟悉所选择和利用的教学手段的内容、技术操作和特性，选择教学手段最终要使体育教师在课堂教学中应用。

3.选择现代体育教学手段的方法

（1）算法式

算法式是通过模糊的数值计算决定教学手段的选择的一种方法。在运用此方法时，一般先对备选手段使用的代价、功能和管理上的可行性等诸多因素都给一个定值，然后对备选手段的效益指数运用公式加以运算，从而确定优选手段。

可以通过对两种或两种以上备选手段的效益指数的比较，最终确定所选手段。例如，根据教学内容的要求，需要提供实物形象，而电影、录像及多媒体都具备上述功能，这时就需要对各手段所能达到的教学功能与所要付出的代价（经济成本、开发时间及要求的技术水平的高低）

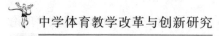

进行计算，得出电影、录像和多媒体的效益指数，在此基础上确定最终要选择的教学手段。

（2）矩阵式

矩阵式主要由两个维度组成，一个维度是特定的教学手段，另一个维度是特定的学习目标和学习类型。

第二章　中学体育教学过程与模式设计

第一节　体育教学过程与设计

一、教学过程的概念

教学过程是教学论的核心，是组织教学活动的理论依据。对教学过程的正确理解决定着教学过程的实质、特点和功能，也影响着教学方式、教学质量，进而影响教学目的，所以对教学过程的理解至关重要。

对于教学过程的概念，有从教学的定义探讨的，有用罗列教学任务定义的，有根据教学过程的本质特点下定义的，还有按照教学过程某一特性定义的。教学过程是一个特殊的认识过程，是教师教与学生学的双边活动过程，强调学生的主体作用。马克思主义认识论包括认识和实践两个基本方面，二者循环往复，以至无穷。因此，对教学过程的认识同样也应包括认识和实践两个方面。另外，教学过程是师生相互交往、作用的过程，具有社会属性这一性质。所以教学过程综合起来可以理解为学生在教师的指导下，认识人类已有的知识经验，个性和谐发展与实践活动统一的过程。

二、体育教学过程设计

（一）教学过程本质概念

我国教学理论工作者对"教学过程本质"问题进行了长期、深入的理论探索，提出了自己不同的看法，归纳起来主要有以下几种观点。

1. 认识发展说

教学过程是教师有目的、有计划引导学生掌握科学基础知识和基本技能，发展认识能力，逐渐形成世界观基础和道德品质的过程。这一观点提出教学的认识与发展的任务，比过去的观点有进步。

2. 双边活动说

教学过程是教师的教与学生的学相结合的双边活动过程，双边活动说为进一步探讨教学过程的本质奠定了认识论基础。

3. 多重本质说

教学过程是多级别、多类型的，教学过程有认识论、心理学、生理学、经济学几个方面的本质，应从多学科、多角度对教学过程进行分析研究。

4. 交往本质说

教学过程中教师和学生都是主体存在，师生间只有通过交往才可以展示自我、发现自我、发展自我，交往即教学过程的本质，帮助人们认识教学的社会属性。

这些研究拓宽了教学的思路，加深了人们对教学过程本质的认识。

（二）教学过程基本功能

"功能"是指系统所具有的、由系统的结构所产生的作用和功效。系统在与外界环境或系统内部诸多要素之间发生相互作用时，表现出其功能。不同的系统因其结构、相互作用的性质和方式的不同而具有不同的功能。教学过程的目的是促进学生的全面发展，也就是说，教学过程的功能在于促进学生身心各方面的和谐发展。

基本功能划分为五点。教学过程的功能分为向外的功能和向内的功能，前者指教学促进社会发展的功能，后者指教学促进人的发展的功能。后者是前者的基础，则将教学促进人的发展的功能称为教学的基本功能，这一基本功能又可具体分解为知识传递功能、智力发展功能、情感培养功能、品德形成功能和个性发展功能。

综上所述，教学过程的基本功能为知识与技能传递功能、智力与能力发展功能、情感与品德教育功能、个性发展与审美培养功能等。

三、体育教学过程设计特点

（一）各层次教学过程特点

体育教学过程的设计可分为学段教学过程、学年教学过程、学期教学过程、单元教学过程、学时教学过程，每个层次的教学过程都有其特点。

学段教学过程表现为某个学段的课程方案或学段教学计划，主要特点有两方面。一方面是发展的阶段性。即不同学段的教学过程应体现不同学段学生身心发展的独特性和过渡性。另一方面是相互衔接性。学段教学过程是超学段教学过程的进一步细化，合理分配几个相互连续和相互衔接的学段。学年教学过程的主要特点是系统性、周期性、启承性，具有承上启下性，是学段与学期的连接点。学年教学过程设计的方式有三种：学段与学年结合式、学年独立式、季节划分式。单元教学过程的主要特点是规模变化性、学理性，其设计基本上是以各项运动技术划分的。

学时教学过程的主要特点是结构性、行为性、方法性。学时教学过程案例研究又称为教育故事，是当前国内课程改革背景下在广大教师中较为流行的一种教育研究方法，是教师行为研究的方法之一。从写作的角度来看，教学案例是以叙事的形式描述富有深刻道理的教育教学事件，它展示了特定教学活动的发生、发展和效果，包含着具体的处置方式和特有的教学理念，反映了教师与学生的典型行为、思想和情感。从研究的角度来讲，教学案例是以课堂某一教学现象为研究样本，通过观察、反思等反复的分析和研究，以案例的形式揭示其内在规律的科学研究方法。

（二）学段教学过程设计

综合文献资料，学段教学过程计划的设计有几种方式，如内容优选式、模块划分式、目标引领式等。内容优选式教学过程设计将内容排列为五大类教学内容，以教学内容为主线，把不同教学内容的时数合理分配到同一水平的不同学年中。

（三）单元教学过程和课时教学过程设计

人们为了探讨在单元教学过程设计和课时教学过程设计时是否可以形成一个便于广大体育教师操作的程序和方法，以高中体育教学的单元课程——跨栏为教学内容，对教学过程进行了实验。根据以往的研究经验和研究成果，专家首先确定了改善教学过程的各个变量因素。

根据变量的需要进行教学过程的设计表明了几个方面：一是大单元的教学是具有可行性的，提高教学质量，加深学生对体育内容的理解，培养学生的体育兴趣。二是导入探究式学习法基本上适用于高中学生，这种自主性更强的学习方式，能较好地发挥群体的创造性和特长，有利于提高学习效率，活跃学习气氛。三是小组学习使得学生之间人际关系更加密切，益于增强学生的集体观念、思维空间，促进学生对运动技术的分析。四是体育笔记的导入有利于加强师生之间的交流，加深学生对体育课的认识和理解。

综合研究可以看出，当前的教学随时随地都在发生变化，教育研究在研究方法上也越来越表现出多元化与实证化的趋势，较多地采用实证研究与定量研究的方法。由于教学过程的研究是复杂多变的，所以在教学过程研究中要多种研究方法并存，将定量研究与定性研究结合起来，思辨演绎与实证归纳结合起来，相互渗透、相互整合。只有从多角度认识体育教学过程，才能总结出有价值、有意义的体育教学过程理论体系。

第二节　体育健康课程结构与类型分析

一、体育课程界定

（一）体育课程是全面发展教育的组成部分

把体育课程定位在全面发展教育一个方面的课程，是指学校的一切工作都要考虑学生的身心健康，是从体育在学校总体工作中的地位出发而言的。体育课程是以发展学生体能、增进学生身心健康为主的一种特殊的教育性课程，它与德育课程、智育课程、美育课程、劳动教育课程相配合，共同促进学生身心全面发展。

（二）将体育课程定义为"活动"

从对课程的基本理解来看，课程的最基本含义是指学校课业内容及其进程。"课"是指课业，即教育内容，或者课程方案；"程"是指程序、过程、进程。因此，从课程方案和实施过程的角度理解体育课程更加准确，在此意义上，将体育课程理解为学校根据一定社会的教育目的要求，结合学生身心发展特点和体育学科发展的需要，制定的课程方案及其实施过程，它包括体育课程目标、课程内容、课程实施以及课程评价。

二、体育课程结构概述

（一）结构概念

结构是指构成整体的各个部分及其结合方式。结构包括三层含义：一是系统内部各组成要素。二是要素间的联系方式和相互作用形式。三是诸要素间的比例关系及其发展变化的条件和规律。《现代汉语词典》将结构解释为各个组成部分的搭配和排列。因此，所谓结构，是指作为整体的一般特征所制约的各部分之间的相互关系，或者是指一个整体中各个部分的某种排列或组合，或者是事物或客体内部各要素、各成分合乎规律的组织形式。

（二）课程结构概念

所谓课程结构，是指一节课的组成部分及各部分之间的联系、顺序和时间分配。广义的课程结构是指学校课程中各组成部分的组织、排列、配合的形式。

（三）体育课结构概念

所谓体育课程结构，一般指组成一堂课的几个部分以及各个部分的具体安排与设计。也有人认为，体育课结构是指从课的开始到结束对课的教学活动模式的整体设计，即课的内容安排的顺序、教法的运用及时间的分配。体育课结构中最为重要的就是根据教学内容合理地安排时间分配以及内容组织。

通过对搜集文献的整理分析可以发现，迄今为止人们对学校体育课结构的研究尚未取得突破性进展，许多观点带有探索性质，但是总体上来说还是有较深远的意义，为一定阶段学校体育的发展和体育课结构的优化和完善提供了理论依据，主要体现在三点。第一，学者总结的我国近年来所出现并采用的学校体育课结构类型以及分类标准，对我国学校体育课结构的合理采用有一定的帮助。第二，学者针对体育课实践，指出了体育课结构中存在的不合理部分，为学校开展体育活动和教师上好体育课提供了一些理论参考依据。第三，学者强调了学校体育在实践中一定要以学生发展为中心，强调体育课的结构安排一定要符合学生的身心发展状况，一切为了学生的全面发展而服务，这就正好迎合了新课改中所强调的以学生发展为中心。相信随着学校体育改革与发展的进一步深入，我国学校体育也必将向一个新的高度腾飞，学校体育结构将会进一步形成和完善。

三、体育课程类型研究

（一）体育课程类型特征研究

近年来，随着我国教育体制改革力度不断加大，教育理论界对体育课程理论更加重视，我国基础教育体育课程类型的研究也得到了不断地拓宽和深化。从收集的文献资料来看，当前我国基础教育体育课程类型方面的研究视野开阔、选题广泛，涉及众多的学科类型，不少研究具有较高的理论深度，对体育教学实践具有一定的指导价值。

1.体育课程类型选取依据

对体育课程类型选取依据研究较多，在整个体育课程类型的研究中占有较大的比例，其研究也较深入、细致，并已取得了较为丰硕的成果。这类研究主要是从社会的需求、体育学科教学本身的特点、不同学段学生身心发展的规律等方面展开的。

2.体育课程类型选择

体育课程类型选取要突破以传统竞技体育为主线的类型体系，要以与时代发展相一致的健康体育新理念为主线建构课程类型体系，要遵循时代性、科学性、地域性、统一性和多样性原则，使体育课程类型走向终身化、生活化、社会化、娱乐化和多样化。

（二）体育课程类型组织研究

许多研究者对体育课程类型的重复与排列问题做了重点探讨，大多数研究者认为对体育教材的重复问题必须进行具体分析。许多研究者赞同进行有意义的、必要的重复，反对低水平的、无意义的重复，并提出在进行课程类型重复排列时应灵活地运用各种排列组织方式，以利于课程目标的实现。不同学段的课程类型组织应有所区别，如初中学段应按体育运动项目本身的逻辑性（如技能的难易水平和运动负荷），通过课程类别（如必修课和任选、限选的选修课）的形式组织课程类型等；高中学段则应首先按学生的兴趣、爱好及技能特长，再按学科的逻辑性组织课程类型；体育教材应当根据教学目标和教学时数加以精选，并区分不同教材在课程中的不同权重，区分重点教材、辅助性教材、介绍性教材、体验性教材等并依此加以灵活地组织等。

（三）体育课程类型改革研究

随着新的课程标准颁布实行，传统的体育教材类型也发生了根本的变化。广大体育工作者在"健康第一""终身体育"等新理念下，对体育课程类型的改革进行了广泛、深入的探讨。有关体育课程类型改革方面的研究成果十分丰硕，既有关于课程类型改革理念方面的，也有涉及课程类型改革实践具体运作方面的。同时，许多研究还就竞技运动教材化过程中所应遵循的基本原则和方法进行了深入的探究，提出了一些具有实践指导意义的新方法。

第三节 体育健康课程教学模式与设计

一、教学及教学模式概念

从广义上讲教学就是指教的人指导学的人以一定文化为对象进行学习的活动。教学是教师的教和学生的学共同活动，学生在教师有目的、有计划的指导下，积极主动地掌握系统的文化科学知识和基础技能、发展能力、增强体质，并形成一定的思想品德的教育过程。因此，教学是指教师的教和学生的学相结合、相统一的活动过程。

教学模式是为实现某种特定教学目标而归纳出的教学活动的一整套方法论体系。体育教学模式是指在某种体育教学思想和理论指导下建立起来的体育教学程序，它包括相对稳定的教学过程结构和相应的教学方法体系，主要体现在体育教学单元和教学课的设计和实施上。体育教学模式由三个基本要素组成：教学指导思想、教学过程结构、相应的教法体系。

二、国内体育教学模式研究

国内出现的种种教学模式产生于不同的背景，适用于不同的情境，各具特色、互有长短，它们都是现代教学理论与学科教学实践相结合的产物，因而又表现出一些共同的特征。如注重开发学生的智能，重视学生智力因素和非智力因素的协调发展，既重视教师的主导又重视调动学生学习的积极性等，呈现出多元化趋势。因此，只有对体育教学模式进行整体优化，才能实现体育教学的最佳效果，更好地指导体育教学实践。

任何一种教学模式都应是一个不断变化、更新的系统，稳定是相对的、暂时的，而变化是绝对的，发展是必然的。随着体育教学改革的逐步深入，教学理论的发展和教学观念的更新，一定会对原有模式中各要素或结构进行调整、更新，不断注入新的内容，予以充实。现代体育教学模式有以下发展趋势。

一是突出体育教学的发展性。现代体育教学给予学生的不仅是知识、技术、技能，更重要的是赋予学生接受体育教育的兴趣、动机和能力，懂得体育的价值，形成体育意识，使之朝着"快乐化、生活化、终身化"的方向发展，这是当代体育教学模式的时代特色。如发展体育能力教学模式、发展学生个性教学模式等，都将培养学生的能力放到重要的位置上，积极探索如何发展学生的智慧潜力，使之掌握科学的思维方法，创造性地运用体育知识、技术、技能。

二是突出学生的主体地位。在体育教学模式的发展中，出现了由教师中心教学模式向师生合作、生生合作的方向发展，强调学生主体地位的教学模式发展变化。如成功体育教学模式、群体合作教学模式等，其鲜明的特征就是有机地统一教与学的活动，注重调动学生参与教学过程的能动性、积极性。现代体育教学模式在教学方法的设计、选择、运用上，教学的组织、教学活动方式等方面，更加重视教法与学法的统一。教学过程中各类信息的传递方式由教师向学生单向行为，扩展为教师与学生之间、学生与学生之间、学生与周围环境之间的多向行为，而且努力实现学生的学习主体地位，注重研究学生的学习方法，注重学生自我学习能力的培养。

三是突出体育教学的情感性。现代教学模式的构建过程中，把培养学生对体育学习的兴趣、激发学生学习动机、树立正确的学习态度、养成良好的体育锻炼习惯放到了教学活动的重要位置。教学方法的选择与运用、教学活动的组织与实施、教学效果的测验与评价都应考虑学生的心理需要，注意发挥非智力因素的作用，力争使学生在愉快、积极、向上的情绪体验中掌握知识，培养和发展能力。如情境教学模式、快乐体育教学模式，使教学过程具有复杂、新奇、趣味等特征，学生在一种浓厚的兴趣、强烈的动机、顽强的意志状态下学习和掌握体育知识技能，更能激发求知的内驱力，保证以最佳的情感投入体育教学中。

四是突出体育教学模式的多样性。体育教学改革的发展与体育教学实践的需要，促使新的教学思想层出不穷。借助多门学科的研究成果、技术和方法，构建许多新的教学模式，出现多种体育教学模式并存的发展趋势。一些先进模式被引进体育教学，先后出现了"发现学习模式导学式教学模式""俱乐部制教学模式""合作教学模式"等。

五是突出体育教学模式的可操作性。体育教学模式的研究要有可操作性，突出表现在模式的操作程序上，便于教师和学生操作使用，提供具体指导。现代体育教学模式的建立，反映了在一定的教学思想和教学理论指导下，构建比较稳定的教学活动结构。这种结构就是按照现代教学的整体目标，将各种教学方法和教学手段按照教学目标要求进行优化组合、综合运用，发挥教学方法和教学手段的整体功能，这也正是体育教学模式研究的趋势。

三、体育教学模式设计案例分析

（一）技能掌握式体育教学模式

1.指导思想

技能掌握式体育教学模式主要是依据运动技能的形成规律而设计的，是以系统地传授运动技能为主要目的的体育教学过程。

2.教学过程结构特征

教学的单元设计以某一运动技术教学为主线，达到目标的难度判断单元的规模，多采用中大型单元，单元教学内容的排列主要以技术的难度为顺序。教学课的设计以某个技能的学习和练习为主线，注重练习的次数和必要的运动负荷安排，主张精讲多练，注重对运动技能掌握效果的评价。

（二）快乐体育"目标学习"教学模式

1.指导思想

快乐体育主要是依据体育活动中体验运动乐趣的规律而设计的。"目标学习"教学模式的主要特点是让学生很好地掌握运动技能和身体锻炼的同时，能够体验到运动和体育学习的乐趣，从而树立终身体育观念。

2.教学过程结构特征

通过几个不同的教学环节，学生能够分别体验到运动、学习、挑战、交流和创造的多种体育的乐趣。"目标学习"教学模式经常采用自主性学习法、探究学习法、比赛法、讨论法、小集团学习法等教学方法。

（三）小群体学习型体育教学模式

1.指导思想

小群体教学模式是以提高体育教学质量，发挥学生的学习自主性、适应学生的个体差异，促进学生交往和社会性提高为目的，主要是依据体育学习集体发展和发挥教育作用的规律而设计的。

2.教学过程结构特征

一般在单元开始时，教师可根据学生的年龄、性别、素质、兴趣爱好特点等，将学生分成若干个学习小组，推选组长，形成团队精神，制定本组的学习目标；单元的前半部分，一般以教师指导性较强的班级学习形式和小组学习形式为主；单元后半部分，一般以自主性较强的小组学习形式为主（差异教学）；单元结束部分，一般有小组间的比赛、小组内总结、发表感想和全班总结等。

（四）发现式体育教学模式

1.指导思想

这种教学主要遵循在体育教学中学生认知的规律考虑教学过程。它是以发展学生创造性思维为目标，以提高学生解决问题的能力，让学生通过自身努力获取新知识，得到解决问题的体验，掌握学习和思考方法为主要目的的体育教学过程。

2.教学过程结构特征

这种教学过程是将运动教材中有关知识和原理进行归纳和整理后，组成"问题串"和"探究课题串"，对每个问题和探究的课题都设有其验证、讨论和归纳的方法，然后将几个大的问题分别设计在各节课中。其教学过程一般有问题提出、验证性学习、集体讨论、归纳问题和得出结论等几个主要的学习阶段。

（五）运动教育模式

1.运动教育模式概述

运动教育模式以游戏理论为基础，让学生通过各种游戏项目体验，建构学习策略，以建构主义思想为指导思想；运动教育模式以学生的学习为中心，教师在整个教学过程中发挥着指导作用。在运动教育模式中，在具体的情境中通过游戏比赛的形式，学生能够获得真实的体验，能够使学到的运动技战术得到强化，培养合作精神和体验社会各角色的扮演与职责，同时也体验到了学习的兴趣，有效促进了学习的高级认知能力的发展。

2.运动教育模式教学程序

运动教育模式教学操作程序较强。一个教学周期称作运动季，一个完整的运动季包括练习期、季前赛期、正式比赛期和季后赛期，赛期之间存在着逐渐上升的过程，每个时期都有特定的学习内容和学习任务。

3.运动教育模式教学条件

在运动教育教学中，体育教师承担了教练这个角色，教师在负责学生的运动技能指导的同时，还要向学生教授运动文化及有关此项目的全面知识，帮助学生培养团队策略并提供反馈，任命学生组长负责日常管理工作。教师在学生需要帮助的时候给予指导，由师生共同承担学习任务。在教学过程中，教师逐渐把主导权下放给学生，帮助学生充分发挥自主能力，提高学生对体育学习的积极性。

4.运动教育模式教学评价

运动教育模式的教学评价是在整个教学过程中进行的。运动教育使学生能够在真实的情境中接收到完全真实的教育，运动教育模式对学生的评价非常重视心理素质水平的评价。心理素质水平包括自尊心和自信心、意志品质和沉着果敢的精神、竞争和创新的意识能力、团结协作和开拓进取的精神、自我控制和自我心理调节的能力等。

第三章　中学体育与健康课程教学改革分析

第一节　中学体育与健康课程教学改革的必要性

一、贯彻学校体育"健康第一"的教学理念

"健康第一"的教学理念要求学校体育将培养具有健康体魄的学生作为学校体育工作的根本任务，增强学生的身体素质，促进学生身心的和谐发展，全面推进素质教育的发展，以发挥体育作为素质教育关键一环的重要作用。因而，学校体育的发展要求贯彻"健康第一"的教学理念，把学生培养成"身心健康、体魄强健"的全面发展的人，这也是我国教育改革对学校体育发展的要求。在这一背景下，如何坚持贯彻"健康第一"的教学理念是当前学校体育教学活动中应当重视的问题。

二、适应学校体育实现"三位一体"目标的客观要求

破解学校体育难题的一个根本途径就是实现学校体育"三位一体"目标。具体来说，第一是提高学生的体质健康水平；第二是提高学生的运动技能，应该让学生至少掌握两项能够受益终身的运动技能；第三是培养学生的健全人格。

由此可见，在学校体育实现"三位一体"目标的客观要求下，如何"提高学生的运动技能，帮助学生至少掌握两项能够受益终身的运动技能"是当前体育教学活动中面临的一个重要问题。在此背景下，中学体育专项化教学改革适应了学校体育实现"三位一体"目标的客观要求。

中学体育专项化教学改革以提高学生的运动技能为突破口，旨在通过专项化教学活动帮助学生掌握体育知识与1～2项体育运动技能，以此提高学生的运动技能水准。而运动技能是"三位一体"目标的重要组成部分，运动技能的提升有助于学生更积极参与到学校体育活动中，运动技能的掌握则有助于学生逐步体会到参与学校体育活动的成就感，体会到参与学校体育活动所带来的身体素质提高等方面的积极作用。毋庸置疑，运动技能的教学应当成为体育教学活动的重点之一，而这离不开体育专项化教学的开展。

体育教学改革总体的思路是体育课在培养学生基本运动技能的基础上，推进专项化的教学。这就是说，中学体育专项化教学改革作为体育教学改革的思路，旨在帮助学生掌握专门的体育运动技能，它是实现学校体育"三位一体"目标的客观要求。

三、贴近中学生心理发展特点的需求

中学生的逻辑抽象思维逐步成熟，对学校体育活动所具有的意义有较为全面的理解。中学生出于健身与未来发展的目的，通常有着较为稳定的参与学校体育活动的学习动机。

由此，在面对中学体育课教学活动，受到中学生心理状态影响的背景下，如何激发中学生参与体育教学活动的兴趣，调动他们参与学校体育教学活动的积极性，是中学体育教学活动中面临的一个重要问题。在此背景下，中学体育专项化教学改革贴近了中学生心理发展的需求。第一，中学体育专项化教学改革注重向学生传授体育知识，增强学生的体育意识和体育兴趣，贴近了中学生具有较为稳定的学习动机及对未来职业发展有所规划的心理特点，让中学生通过中学体育专项化教学逐步明确自身参加学校体育活动的目标，体会参加学校体育活动所获得的成就感，从而有利于调动中学生参与学校体育教学的积极性。第二，中学体育专项化教学改革注重充分发挥中学生在体育教学活动中的自主性，让中学生自主选择喜欢的1～2项体育运动技能，贴近了中学生注重选择自身感兴趣体育项目的学习兴趣的心理特点，有利于中学生在专项化教学过程中选择适合自身的体育运动项目，给予中学生选择体育运动项目更大的自主性，使得中学生由被动参与转为主动选择，有利于激发中学生参与体育教学活动的兴趣。

四、体现教学活动中学生主体性的需要

教育部发布的相关文件强调，体育课程的教学活动要重视学生的主体地位，以学生发展为中心，激发学生的运动兴趣，关注学生的需求。建构主义教学理论进一步提出，在教学活动中应充分尊重学生的主体性，帮助学生通过自主思考发现问题、讨论问题并最终获得解决问题的能力。有必要指出的是，给予学生在教学活动中的主体性，应充分考虑学生的不同学习目的、不同的学习背景与基础，学生在学习过程中所遭遇的不同问题与困难，不同的学生对于自身学习行为的反思与管理意识的不同。

在此背景下，中学体育专项化教学改革力图在教学活动中充分体现学生的主体性。第一，中学体育专项化教学以中学生兴趣为导向，给予中学生按照自身的兴趣选择运动项目的机会。通过中学生的自主选择，充分考虑中学生自身的不同学习目的。第二，在教学活动中根据中学生的实际水平，开展小班化分层教学，充分考虑不同的中学生有着不同的学习背景与技能基础及其不同的学习能力与风格，以便专项化教学活动能够针对中学生的不同需求而开展。第三，在课时安排上将每天一节体育课整合为每次 2 节连上的 80 分钟大课，充分考虑不同的中学生对于自身学习行为的反思与管理意识及能力的不同，以便中学生有充裕的时间参加所选项目的系统学习，从而提升他们的学习效率。

第二节　中学体育与健康课程教学改革策略

一、加强目标体育教学，增强学生体质

学校体育主要由体育教学和课外体育活动构成。体育教学的主要任务和目标是进行健体知识和运动技能知识的传授，课外体育活动的目标是巩固课堂体育教学的内容并通过丰富多彩的活动活跃学生的生活。所以学校体育的目标宏观上讲应该是促进学生体格体能的形成和发展，培养学生的体育兴趣，磨炼学生坚强的意志，塑造学生优秀的社会情感，从而形成良好的人际关系及良好的社会适应能力。对于任何一个学生来说，通过体育可以达到四个目标：第一，身体的发展要有好的身体和心理；第二，正确的运动技能；第三，科学的养身知识能够为终身体育打下基础；第四，好的社会情感。总之，全面锻炼身体增强体质，掌握体育卫生基本知识和技能，进行思想品德教育形成良好个性是中学体育教学的目标。

二、培养学生自主学习能力

教师在体育教学中应该充分尊重学生的主体地位，变"教师为主"为"学生为主"，强化教师在教学活动中的启发引导作用，以探究式教学充分培养学生的自主学习能力。教师可以安排学生对训练动作进行体悟，对照教师示范或是标准图解，然后以小组训练、观摩、纠正的方式进行训练学习，让学生在自主训练、互相观察、探究指导、纠正反馈等环节教学活动中提高对动作的领悟能力以及对错误的辨别和改正能力。学生的身体素质与运动技能等方面是存在一定差异的，教师在体育教学中要正视学生的这种客观差异性，采取与之相适应的分层教学方法，满足各个层面学生的学习需求，促进学生在自己的最近发展区域之内得到充分发展。分层教学具体体现在教学目标的差异性上，教师要结合学生

的身心发展实际，将学生分为几个不同的能力层面，分别制定相应的能力考核目标，让每位学生都能够通过一定程度的努力实现学习目标。在分层教学过程中，教师除了对学生采取不同的要求之外，还要在教学进度安排方面有所区分。体育课的教学内容中，最容易通过发挥个人的体育才能增强集体的感召力和凝聚力。因此，在体育课教学中，如能将培养学生的团队意识与发展学生个性的教育结合起来，就可有效地增强学生的集体荣誉感。

三、课内课外并重，促进学生体育运动的全面发展

体育教学活动，重课内也要关注课外，教师应当构建"课内＋课外"的有效教学组织形式，为学生的全面发展创设良好的条件。教师一方面要注重优秀苗子的选拔，对一些在体育方面具有良好基础与一定特长，并且有志于在此方面发展的学生进行单独培养，为他们制订专门的培养计划，强化针对性训练，提高学生的体育发展能力；另一方面应该运用体育教学特点，对学生进行强化思想教育，培养学生良好的思想品德与健康人格，如通过强化训练培养学生的吃苦耐劳精神，强化合作项目教学，增强学生团结协作意识等。此外，教师还应对学生进行适当的心理疏导，促进学生的心理健康发展，为学生的健康成长奠定良好的基础。

四、提升教师素质，促进教学质量的提高

体育教学是教师的教和学生的学的双边活动，在教学过程中，教师是教学的组织者、指导者、管理者和实施者。无论采取什么样的教学手段，也无论采取何种练习形式，一切都需要一节体育课的主导者——体育教师去操作、去组织、去安排。因此，作为一名体育教师，应不断加强自身素养，提高自身的教学水平。只有提高自身的素质和各种综合能力，才能通过才艺展示吸引学生，通过各种技能打动学生，激发他们学习的兴趣，从而更好地提高体育教学的质量。

第三节　素质教育视野下中学体育教学的改革

一、教育理念的转变

素质教育要求体育教师必须转变观念，以"健康第一"为指导，切实抓好体育教学工作学习落实"课标"的教育理念，树立身体、心理、社会适应性全面发展的新理念，树立以终身体育为主的多种体育形式并存的教学观念，强调体育在人一生的生活和事业发展中的基础性作用，为学生未来的身心健康负责，尤其要特别明确以体育为一种手段去追求人的全面发展。因此，在中学培养和培训体育教师当中，应该注意向体育教师传播新的教育理念，使体育教师在理念上接受素质教育理念，在实践中身体力行，实施素质教育。

二、教学结构的改革

教学过程就其本质而言，是指在学生获得知识技能的同时，实现其个性心理品质全面发展的认知过程。只有学生成为认知的主体，认识并把握这个本质，才能有效地将素质教育与教学紧密地结合起来。因此，要实现体育教学在素质教育中的功能，就必须使学生真正成为课堂的主体。教师在进行教学设计时，教学结构应该灵活多样，体现以学生为本的教育思想，创设突出学生主体的教学情境，变"要我学"为"我要学、我会学、我学会"，并通过多种练习手段和方法激发学生练习的兴趣，使学生在玩中练、练中学、学中会，在学习的过程中潜移默化地改善学生的个性，健全其品质，提高其能力。以学生为主体的体育教学方式使体育教学既有利于学生打好体育基础，又有利于学生形成健全的人格，更有利于学生探索、创新，这必将成为今后体育教学中的主流教学模式。

三、体育教材的改革

建立、健全教材一体化的新体系，加强对传统教材的更新和改造，同时还应从终身体育的视角出发，形成学校、社会、家庭、个性一体化的教材。选择体育教学内容要结合实际、因地制宜，着眼于对生活有用和对终身发展有用的知识和技能，给每位体育教师选择的空间和余地。选择群众基础广泛的、学生喜爱和需要的、有实用价值的体育项目，使学习内容贴近学生的生活实际，提高学生学习的积极性。概括地讲，就是体育教材内容的编订要适应社会发展的需要，适应终身体育的需要，以育人为中心，体育教材将由目前的"一纲多本"向"多纲多本"方向发展，重视体育教材的结构建设，发挥教材的整体效益，体育教材内容向多样化、个性化方向发展，有利于促进学生身心的全面发展。

四、体育教学方法的创新

在体育教学中可以尝试选择开放式、自选式、俱乐部式的体育课模式。围绕一定的教学目标，由学生自由选择课程、项目、自由编组、自主学习与锻炼，教师给予必要的、最基本的指导，根据学生的实际情况和活动的变化规律以及学校现有的条件和设备，合理地安排教学。在教学中，教师应积极地开展创新活动，把体育教学和创造活动有机地结合起来，鼓励学生提出新方法、创造新游戏；坚持标准的统一性和运动项目及运动方法的多样性和灵活性，充分发挥学生的潜能、特质和独特性。同时体育教师还可以充分利用现代教学技术，将多媒体和现代化教学手段引入教学当中，形象、生动地进行教学。另外，当健身已经成为学生生活的重要内容时，体育教师不仅可以在体育课堂上进行体育教育，还可以通过各种形式将学校和社区、家庭联合起来，将体育教育延伸到社区和家庭，在玩中教，在玩中学，真正发挥教育合力的作用。

五、形成和发展娱乐体育及终身体育的思想观念

体育自产生之日起就含有娱乐身心的本质，因此体育教学必须以快

乐有趣为中心，只有让学生身心愉快地进行活动，才能充分体现体育课的教育意义和作用。娱乐体育将是以后体育教学的发展方向。所谓终身体育教育思想，是指体育教学中以培养学生终身从事体育活动的能力和学习为主导的一种思想，它的产生是终身教育和现代社会发展对体育的需要。也就是说，人们在自身的生活中，可以按照自己的兴趣、爱好选择适合自己的运动，享受运动的乐趣。因此，学校体育应朝终身体育的方向发展，成为终身体育的启蒙或一个阶段，为学生奠定终身锻炼的技能和兴趣的基础。

第四章　中学体育教学中教学思维的改革

第一节　体育教学思维与中学体育教学概述

一、中学体育教学改革的重点

（一）课程改革目标分析

通过体育与健康课程的学习，提高学生体能和运动技能；学会学习、学会创新；形成运动爱好和专长，培养终身体育的意识习惯和能力；发展良好的心理品质，增强个人社会交往能力和团队意识；养成健康的生活方式和积极的生活态度。

为学校体育活动的开展培养体育骨干和教师小助手，为学校各级运动队选拔具有运动特长的学生，为上一级学校输送和培养高水平运动后备人才。

（二）教学内容改革分析

中学体育课程的改革必须围绕"终身体育"这一中心目标进行。体育教学的过程既是一个认识的过程，也是一个体能和技能发展的过程。对体育教学多方面功能的认识，能够为体育课程的改革提供一定的指导。

1.更新课程设置

在课程设置方面各级学校尽可能为学生提供更多的学习资源，在现有的篮球、排球、足球、乒乓球、羽毛球、健美操以及武术等项目之外，利用资源，还可以开设游泳课、跆拳道以及轮滑课等。

2.适当采用游戏教学

中学时期的学生正处在对一切束缚都反感的年龄段，所以要想办法将他们聚在一起，最好的方法莫过于游戏。

3.要"吃透"学生，实现学生真正地发展

教师只有"吃透"学生，才能增强教学的针对性和适宜性。因此，体育教师了解学生进行体育学习的实质，有助于选择合适的体育教学内容、方法与情境，从而对学生进行有效的教育。

4.体育课教学要有适宜的运动负荷

体育教学是教、学、练以及思的有机结合，发展学生身体素质、学习运动技术，提高教学的实效性，适当提高适宜的运动负荷，体育教学的综合效益也会更高一些，这也对体育教师提出了新的要求和挑战。

5.加强教师的主导作用

提高体育教学质量最基本的前提是必须提高教师的教学能力和教学水平。教师主导作用发挥得好，学生主体作用才能更好地体现。

6.培养创新精神和实践能力

创新精神和实践能力是衡量学生心理健康的一项重要指标，因为一项创新活动的完成，教师必须具有充沛的体力、饱满的精神和乐观的情绪。为此，体育教师在教学中应通过多种手段培养学生活跃的思维、丰富的想象及运用知识的实践能力等。例如，教材的安排要体现健身性、趣味性和实用性，以推动学生生理、心理和精神等方面的提升，获得成功和愉快的体验，使他们真心热爱体育，并增强自尊心和自信心。

（三）教学方法改革

在教学设计和教材处理上，可以通过几个步骤实施。

1.导入与热身

课前预设知识问题，让学生带着自己不同的认识进入角色，充分发挥他们的个性和思维。教师以学生朋友的身份，主动地融入课堂之中，自然地走向过渡。例如，采用蛇形移位跑、徒手操和专项练习，起到热身运动，调动和激发学生的练习兴趣，并逐渐导入新课，达到了解并学习教材的目的。

2.合作与探究

合作与探究是重点，也是一种重要的学练方式，贯穿课堂的始终，并在教学中得以实现。以掌握合作跑技术和接力跑技术为难点，以体验观察、思考比较、感知寻找问题，选择方法并学会解决问题为教学流程。在教学中分为三个层次循序渐进地进行。

第一层：体验与观察，强调教学过程以学生体验与实践为主，让学生带着问题学习，有针对性地进行练习，以演示、激励、指导的教学方法引导学生，采用体验法、观察法、尝试法、讨论法、合作法以及互助法调动学生学习的积极性，有的放矢地实施教学过程。

第二层：巩固与加强，把合作跑作为重点，让学生在快速跑的基础上，以小组竞赛形式调动学生积极性和团结合作积极向上的精神。在竞赛中建立正确的合作跑，并蕴含规则要求，进一步巩固、提高合作跑的能力。

第三层：自主锻炼，让学生根据自身需要，自由结合、发挥想象、选创动作，进行柔韧灵敏练习。使学生学会柔韧、灵敏的练习方法，突出学生的组织能力，再次展现师生互动，合作锻炼的课堂情境。

3.放松与小结

在教师的带领下做自上而下的放松活动，力求生理和心理得到彻底放松。课后小结，对学生的体会和练习进行讲评。

（四）学校课程资源开发建设的内容和设想

一是对体育教师分批进行培训和考核，采取送出去和请进来两种培训方式，努力提高教师综合素质和专业技能，拓展教师专业面，培养一专多能的加强型的教师队伍。

二是配合选项模块教学的开展，成立和建设各项目锻炼小组或各年级代表队，常年性地有计划开展运动竞赛，促进课堂教学，展示选项模块教学的效果。

三是创办青少年体育俱乐部简报，宣传报道俱乐部训练竞赛和中学体育课改动态，展现中学体育活动风貌，表彰和鼓励先进个人和集体，展示中学学生体育精神和面貌。

四是引入社会体育资源，与时代接轨，邀请校外有特色的运动队和个人（如攀岩、轮滑、瑜伽等）为学生进行表演和培训，提高学生体育锻炼的兴趣，拓宽学生视野和知识面。

中学体育课改的实施必将促进中学体育活动的全面开展，提高和改进中学体育教学的质量，为社会培养更多体魄强健、积极上进、在体育方面有一技之长的合格人才。中学体育课改的实施任重道远，需要全体体育教师群策群力、勤于钻研、大胆实践和探索，不断总结经验教训，逐渐完善和健全中学体育课改的各项内容和结构。

二、中学体育教学新课程改革的策略

（一）转变传统的教学理念，充分尊重学生的主体地位

在中学体育新课程改革中，将体育教学目标分为三个维度，其中知识与技能目标的学习、过程与方法的学习均可以实现自主学习，尤其是体育理论课的学习和体育过程性知识的学习，均可以实现自主合作式学习。自主学习与合作学习模式的实现都必须以尊重学生的主体地位为前提，当学生掌握了足够的体育理论知识时，才能有效完成自主学习与合作学习，并且达到理想的学习效果。因此，对于部分可以实现自我学习的体育项目，体育教师可以放手将课堂交给学生，如足球、篮球、排球等，这些科目的学习，需要学生不断进行重复锻炼，才能掌握技巧，这也是学生实现自主学习的有效途径。为了拓展学生的知识面，可以让学生利用图书馆资源或者网络资源进行知识的搜集与整理。作为教师，要从讲台走到学生中间，帮助学生掌握更科学的学习方法，促进学生主体地位的实现。

（二）充分利用现代化教学手段提高教学实效性

在体育新课程的指导下，开展课堂教学要充分利用现代化教学手段，如多媒体技术进行辅助教学，力求建设创新高效的、现代化的课

堂。在中学体育课堂的学习过程中，有很多知识都是通过体育活动的过程展现的，可以充分利用多媒体技术，通过视频课件的演示以及特殊的回放功能，让学生从多个角度观看体育动作，还可以利用多媒体课件将连续的动作进行分解展示，这样学生便可以获得更多的观看和理解的时间。学生在动作要领的掌握方面要更有针对性，这对于提高课堂实效性有明显的提升作用。例如，在进行"篮球运球急停跳起，单手肩上投篮"的教学时，教师可以先利用多媒体课件播放篮球的视频，让学生根据视频里的动作，对照自己的动作，了解并感悟动作的要领，发现自己的问题所在，再进行更正，这样学生动作的准确性便得到了极大的提升，也有利于加深学生的记忆。

（三）注重学生体育价值观的培养

对于中学体育教学活动的开展来说，也必须注重学生体育价值观的树立和养成，这有利于落实体育新课程改革的三维教学目标。中学生正处在心理发展的特殊时期，这一时期的价值观培养对他们步入社会以后的影响是十分关键的，因此，教师要帮助学生树立正确的体育价值观，使他们感受到体育文化传承的伟大意义。对此，教师可以结合教学的实际情况，为学生引进更多的教学资源，充分利用多媒体等先进的技术，为学生播放体育赛事，激发学生的体育热情。例如，在学习乒乓球时，可以为学生播放我国运动员在奥运赛场拼搏，最终取得金牌的赛事。观看视频，不仅能够使学生感受到我国体育事业的快速发展，也能激发学生的爱国主义情怀，有利于帮助学生形成正确的体育价值观，学习效果自然也就事半功倍。

（四）注重对学生体育情感的培养

对学生体育情感的培养，可以让学生从自己的原有运动基础和兴趣爱好出发，在一定范围内自己选择运动项目，这样在较大程度上满足了学生对体育的兴趣需求，激发了学习动机，培养了体育兴趣、体育意识和特长，在一定程度上使因材施教成为可能。通过中学体育学习，学生能掌握 2~3 项自己喜爱的运动技术、技能，既发展了学生的个性，又掌握了从事体育活动和享受体育活动的方法，为坚持终身体育活动奠定了基础。

（五）确立全面发展的教学质量观

中学阶段的体育教学，不仅要使学生在掌握体育与健康基本知识、技术技能的基础上养成锻炼身体的习惯，培养学生的体育意识、竞争意识、合作精神和坚强的毅力，而且要特别注意对本门课的新科技、新文化的渗透。一定要让中学体育教师认识到中学体育教学是基础教育时期体育教学的最高阶段，其教学目标的确定，既与基础教育的其他阶段有共性，又应有特殊性。在健康水平上，要有较大幅度的提高，以适应将来的中学教育或走向社会就业工作的需要。在体育保健知识、技术和技能方面，要学有所长，形成基本的体育能力，养成体育意识和习惯，为今后的终身体育打下必要的基础。

（六）更新教学方法，丰富教学手段

中学体育教师要善于更新教学方法，丰富教学手段，进行教学模式多样化的改革。这些模式有的取向于各种模式的综合运用，有的取向于师生关系，有的取向于学生之间的关心，有的取向于教学内容，有的取向于教学安排，有的取向于技能学习与学生的心理发展。体育教师在教学中要利用图解对学生进行讲解，在学生练习中因势利导，启发学生的思维，使学生从被动学习到主动学习，从追求生理改造到终身体育意识的培养，从追求学会到会学水平的提高。例如，要让学生了解如何跑得更快、跳得更高，掌握人体运动的基本规律和人体形态结构，从而使学生选择在跑步、弹跳时掌握最合理的姿势和科学的用力方法。

（七）教师应与学生共同活动、共同学习

在教学过程中，体育教师应根据学生的特点，深入学生之中，与学生多交流、沟通，拉近与学生的距离。这样，体育教师在课堂上创设了一种和谐、民主的学习氛围，学生没有拘束感。例如，在合作跑教学中，可让学生自由组合，采用任何形式的慢跑，使教学方法各式各样，

如多人绑腿跑、两人一组的手拉手侧向跑、两人面对面的同向跑，千姿百态，提高学习效果。唯有这样，才能够让学生充分地展开想象的翅膀，培养学生的创新思维的能力和密切配合的团队意识。

（八）营造良好的体育文化氛围

体育教师应营造良好的学校体育文化氛围，引导学生加深对体育的了解，从而激发学生的体育兴趣。体育教师还可以利用学校的各种体育设施、体育墙报、专栏、广播、电视、多媒体等形式，经常广泛地宣传体育知识、名人名言、体育信息以及动态等，并为学生提供多种多样、小型简易的体育活动器材，定期举办各种体育比赛，使学生受到良好的体育文化熏陶，可对体育兴趣的培养起到潜移默化地作用。

第二节　创造性教学思维与中学体育教学改革

一、中学体育教学创造性教学思维的意义

（一）便于学生理解体育教学的目的、任务

随着人类社会文明的不断进步，对体育这一社会文化现象提出了日益丰富的现实要求，需要它具备更多维度、更复杂的价值功能。在这方面，创造性思维活动以其广泛而丰富的联想机制，可以从生物、心理、社会诸多方面对体育进行整体的三维教学和研究，经过合理的归纳、推理、分析、综合和概括，得出较为科学、系统的结论。

（二）有助于技术动作的形成

思维是人脑逐渐透过事物的表现深入事物的本质和内在联系的过程，它是由感知信息引出，借助语言实现的。在体育教学中，学生动作技术的形成是在教师的讲解、示范后，通过捕捉技能形成信息并不断地反馈，经过思维对信息的加工而逐渐形成的。它有三个过程：一是把视觉、听觉、触觉及本体肌肉感觉动员起来，进行知觉的过程；二是把已

知的信息加以选择、整理以及组合，将结果传达给肌肉等效应器和中枢神经系统；三是依据中枢发出的指令完成动作。

在体育教学中，学生学习运动技术，不仅是一个掌握技巧、技能的过程，而且也是一个开动思维、认识事物的过程。学生的感性认识丰富、表象清晰、想象生动，理解和掌握运动技术也比较容易。从运动生理学的观点来看，在运动技能的形成过程中，学生的思维活动必须处于积极的状态；从运动技能条件反射学来看，运动技能的形成是由大脑皮质建立的代码电脑公司软件中心中暂时性神经联系的，这种暂时性神经联系建立得越多、越巩固，其学习新的运动技能也就越快。因此，在体育教育学中，学生除需要掌握一定的体育知识、技术与技能外，还必须运用自己所学的物理、数学、化学、生物等学科研究，充分发挥思维意识系统的作用，对所学的体育技能进行综合分析、学练结合，加强对所学体育技能的感悟和理性认识，把每次经历的经验、感知觉和知识贮存在大脑皮质中，拓展新的神经通路。所以，体育教师必须以学生的感性认识为基础，采用生动形象的语言加以刺激，给学生提示所教的技术动作，使学生产生积极的思维联想，以丰富学生的感性认识。例如，在学习双杠的支撑摆动和单杠的悬垂摆动时，体育教师示范后，让学生想一想钟摆的摆动，这样能使学生很自然地通过思维联想，得出技术动作的正确概念和要领。

（三）有助于教师提高教学质量

在教学方面，创造性思维活动有助于体育教师构想教学的程序和组织形式，创新体育教法，提高解决教学难题的应激能力。

二、体育教学中学生创造性思维的激发

体育教学中学生创造性思维的激发是培养学生创造性思维的前提，可以采取以下策略。

（一）构建民主的师生关系，创造轻松、和谐、民主的课堂氛围

宽松自主的学习环境是培养学生创新能力的一个重要因素。实践证明，在民主的师生关系中，教学氛围活跃，学生精神振奋，心情愉快，学习积极主动，创造性在这样氛围中容易激发。教师想要促进学生的创新能力，就必须在班上倡导一种合作、社会一体的作风，这有利于集体创新能力的发挥。民主的师生关系一旦形成，学生便会对教师产生亲切感，并容易产生情感期待效应，激发其强烈的求知欲望。

（二）适时进行激励教学方法，激发学生的创新需求，激活学生的创造性思维

一是期望激励。在体育教学中，教师可以适时采用期待性的话语鼓舞激励学生。二是竞争激励。体育教学在竞争条件上具有学科比较优势，更能通过有效的竞争使学生的创新思维得到更好地发挥。三是表扬和鼓励。在体育课上，体育教师在每次的点评中，应对这部分学生加以鼓励和表扬，让他们找到属于自己的空间，使这部分学生得到较好地发展。体育教师在教学中要善于发现学生的闪光点，当学生在体育活动中表达自己独立的见解和想法时，应该对学生加以表扬和鼓励，适时激发学生的创造性思维。

（三）优化教学设计，丰富教学手段，让学生想学、乐学

体育教师应在这类教材的设置上根据学生的实际情况，在设计程序上多考虑，在方法和手段上下功夫，以培养学生的有效参与和锻炼乐趣为重点，使身体和思维活起来，在此基础上，鼓励学生创造出更新更好的办法。

（四）小组形式自编自创游戏内容，培养运动创造性

游戏教学可以培养学生团结互助、勇于进取的精神，而自编游戏内容则是培养学生实践能力和创新精神的有效途径。例如，在游戏中，给每一小组一个篮球，画出一定的活动范围，要求每组的学生以篮球为中

心，创编或编出大家喜欢的体育游戏。游戏前，体育教师应鼓励学生积极创新，想方设法创编出具有新意、既有利于锻炼身体又能显现开拓精神的游戏活动。体育教师还应对活动方法新颖、创新意识强的小组给予肯定和表扬，对个别有困难或游戏活动缺乏新意的小组进行点拨、启发和帮助。这一方面有效地发挥了学生自主练习的积极性，另一方面培养了学生的实践能力和创新精神。

三、体育教学中学生创造性思维的培养

在体育教学中培养学生的创造性思维能力不可能一蹴而就，在平时的教学过程中，体育教师应当有针对性地对学生加强创造性思维的培养，耐心引导学生，促进学生创造性思维的发展，同时也能提高教学质量。

（一）以转变观念为先导，培养创造的态度

思想是行动的先导，教育观念支配着教师教育行为。体育教师要在体育课中开展创造教育，必须牢固树立素质教育的质量观，从转变观念入手，以培养学生的创造精神和实践能力为重点。为此，体育教师必须做到以下几点。

1.必须富有创造精神

在教学中要培养学生创造的态度，体育教师必须首先成为具有创造精神的人，只有自身具有创造精神，富有创造力，才能培养出具有创造能力的学生。就教师的"创造精神"而言，它主要包括创新思维、首创精神、甘冒风险、以苦为乐的精神。

2.创造要以生为本

体育教师要启发引导学生从学生喜爱的活动中找突破口，主动突破教材定式与习惯性框架，以大纲内容为基础，及时向有当地特色、学校特点或时尚活动的灵活丰富的教学内容转变调整。

3.创造必须大胆探索、求新

体育教师应站在学生的立场，多给学生创造"犯错"的条件和机

会，大胆求真、创造。

（二）以发展个性为己任，培养创造的意识

培养学生个性是教育面向未来的重要内容，尊重学生的自我价值的实现，促进学生的个性全面发展已经成为教育思想改革的重要标志。

1.突破统一限制

在进行体育活动时，教师应放开手脚，寻求多种方式，让学生大胆地尝试。

2.培养进取精神

培养进取精神是发展学生个性的一个重要方面，也是培养学生创造意识的一个重要途径。学生需要有竞争意识和竞争能力，在体育活动中，许多活动是在比赛中进行的，群体中每个成员为了取胜需要合作和拼搏。因此，体育教师应鼓励学生竞争，从教学中培养学生的竞争意识。

（三）保护学生的好奇心、求知欲

好奇心和求知欲是科学发明的巨大动力，若没有这种好奇心和求知欲，就不可能产生对人类社会具有巨大价值的发明创造。体育教学中，教师应加强对学生好奇心的保护和激发。

（四）加强学生的求异思维训练

在体育教学中，体育教师应充分发挥体育课堂和教学内容的特点，从不同的角度，按不同的线索，向不同的方向创造一切可能的条件和机会，加强学生求异思维的训练。

（五）以开展活动为重点，培养创造的技能

创造是一种学习过程，需要知识的积累。创造是与教师"干中学"和学生的"用中学"等活动紧密相关的。学生技能技术的掌握与巩固是在丰富的活动中进行的，应开展丰富的活动启迪学生的思维，培养学生的创造技能。

（六）以课堂改革为突破口，培养创造的思维

要培养学生创新思维，必须激发学生学习的主动性，讲究方法的灵活性。在教学中，要使学生真正成为学习的主体和主人，体育教师应当尽量少讲，使教学内容保持一定的思维价值，推动学生思维能力的发展，掌握创造的方法。

现代教学论的精髓是"以教师为主导、学生为主体"。教育提倡学生的创造意识，就要把学生培养成为具有创造能力的一代新人。

第三节　发散性教学思维与中学体育教学改革

一、发散性思维的内在含义

所谓发散性思维，是指从不同视角、途径以及层面进行思考与设想，寻求解决问题、实现发展的多种路径，进而确保问题的圆满解决，为实现发展目标创造有利条件的一种思维方法。发散性思维针对同一目标进行多元化的思考，有利于寻求目标达成的最佳途径，这对于学生实现自我的全面发展具有重要的促进作用。发散性思维的形成需要两个重要的基础性条件作为保障：一是必须建立在对人们想象能力充分发挥的基础之上，二是必须把发散性思维有机地转变为一种具有变通功能的创造性思维模式。因此，在一定意义上讲，发散性思维与创造性思维具有共融性，能够对人们的创造能力起到积极的促进作用。

相对于学校体育教学而言，通过对学生发散性思维的培养，能够引导学生对体育的内涵进行全方位、多视角的审视与思考，进而提高理解与认知水平，强化其对体育学习的自主意识的有机生成，以便推动其创造性学习方式的形成与运用，这对于实现对学生体育综合素质能力的培养、提升具有极其重要的影响。

二、在体育教学中培养学生发散性思维的意义

（一）培养学生发散性思维是其终身体育思想形成的重要基础

学生终身体育思想的形成是一个伴随着对体育内涵理解的不断深入而促使其自觉参与意识生成与发展的过程，在此过程中，单一取向的思维方式无法实现对体育本质含义的全面理解与认知，因而需要多元化的思维视角，从不同的角度、不同的层面加以全方位地思考以及探求，并通过对思考结果的不断积累、整合与优化，最终形成较为完善的认知体系。因此，培养学生终身体育思想的必要环节在于强化对其发散性思维的培养，使之对于终身体育思想的重要意义达成全面的理解，并促使其深层次的审视能力不断加强，进而为其终身体育思想的形成与发展提供保障。

（二）培养学生发散性思维是素质教育普及与发展的需要

素质教育强调对学生自主学习意识、创新能力以及社会适应能力等综合素质的培养。其中，自主学习意识体现为学生学习行为的自觉性与主动性，是学生通过独立思考、自主探求等手段实现对传统接受式学习思维的全面颠覆。因而，自主学习意识的形成需要多方位的思维能力提供保障，创新能力是建立在创造性思维基础上而形成的，发散性思维与创造性思维具有变通性。因此，发散性思维是创新能力形成、发展与提高的重要基础，而相对于社会适应能力而言，则更需要学生对社会的环境、特征以及发展态势进行全方位、多视角的审视与思考，把握社会的实质，进而形成适应、顺应与融合。由此可见，发散性思维对于素质教育几大培养目标的实现都具有重要的促进与保障作用。

（三）培养学生发散性思维是其实现自我全面发展的重要条件

自我全面发展是基于自身的素质基础，通过择取正确的发展取向，艰苦的努力实现的。而对于自我发展的每一个环节与每一个阶段，都需要发展主体的正向思维加以引导与促进。在竞争日趋激烈的社会环境

下，如何提高学生的社会适应能力，使之能够有机地融入社会、自我全面发展是最具实效性的手段与措施。因此，培养学生的发散性思维能够提高学生思考的全面性，使之针对自身的发展需求择取正确的发展取向，进而有效地提高其自我发展的快捷性与实效性。

（四）培养学生发散性思维是拓展其发展视角的重要保障

伴随着社会的发展，对于全面型人才的需求日趋强烈，传统的单一技能型人才已无法适应满足社会发展的需求。因此，提高学生的综合素质能力水平就成为现阶段学校教育发展的主流形式。对于学生个体而言，在对自身综合素质能力体系的构建过程中，需要对各种构成要素的实质进行全面的解析，以制定相关的发展策略。综合素质能力体系构成要素的多样性决定了学生要具备宽阔的发展视角，以便对不同的发展途径与策略进行有机审视与缜密思考。另外，在学生综合素质能力体系的构建过程中，要详解自身的特点，选取具有适应性的发展内容与途径，因而，更需要较为完备的多元化思考能力，以促进体系构建的全面性与完善性。由此可见，培养学生发散性思维是拓展学生发展视角，择取正确发展途径的重要保障。

三、在体育教学中培养学生发散性思维的途径

（一）有效激发与切实发挥学生的想象能力

培养学生发散性思维的主要途径在于激发其想象能力，使之能够从不同的层面、角度以及阶段进行多视角、全方位的思考。第一，要打破应试教育思想的束缚。第二，要运用切实有效的手段来激发学生的想象能力，使之思维领域得以有机拓展，进而能够自觉地探求体育教学更深层次的含义。第三，要引导学生以一种"猎奇式"的思维模式对体育的内涵加以思考，不断接触全新的领域，寻求自身发展所应填充与完善的内容。第四，要在学生体育学习的过程中，全面培养与发挥其想象能力，增强其自主创新意识，以便对自身的学习行为进行有效的调整，提高学习的实际效果。

（二）创设有效的教学情境，引导与鼓励学生进行多向思维

在体育教学中，根据教学内容的需求设置相应的教学情境，并通过有效的手段加以引导，能够对学生的学习行为产生积极的影响，对其学习效果形成有效地促进。在培养学生发散性思维的过程中，根据教学的核心内容设置不同的教学情境，引导学生身处不同的情境开展形式各异的思维活动，这对于解放学生的思维观念、促使其多向思维意识的自主生成、提高其多元化思维的能力具有重要的推进作用。而学生在进行多项思维的过程中，能够针对教学目标的不同层面与角度，进行缜密的思考，以达成对教学活动的全面了解与认知，进而促进与维护其学习行为，有效地满足教学目标实现的需求。

（三）促进学生多元化发展取向的生成

要实现对学生发散性思维的培养，就必须树立全新的全面发展型的教学理念，提高学生的自我发展能力，建立多向发展的目标体系，以促进其综合素质能力体系的发展与完善。

（四）转变课堂教学形式，培养学生的质疑能力

为了拓展学生学习思维的视角，必须建立"群言堂"式的全新模式，提倡师生间的情感互动与信息交流，注重对学生质疑能力的培养，鼓励学生勇于自见、敢于质疑，这对于全面激发与培养学生的多向思维能力，促进其发散性思维模式的构建与发展具有极其重要的促进作用。

第四节　拓展性教学思维与中学体育教学改革

一、拓展性教学思维的构建

（一）以激发学生主体能动性的学习型拓展性教学思维

拓展性是一个类型多变、概念广泛的体育教学思维。随着素质教育的不断深入，新课程改革中将教师的地位逐渐向课堂的组织者、学生自

主学习能力引导者、课程的开发与实施者转变，学生在教师的指导下，调动内在的学习动机，主动参与学习，充分发挥学生的主观能动性进行思考和策划。在教案的设计时应当留有空白，给学生自由发挥的机会，让学生真正参与课堂设计，不但可以培养学生学习的积极性和主动性，还能够促进教师与学生之间的交流。在教学思维实施的结构过程上，一定要让学生参与每一个教学环节，教学形式灵活多样，教学内容具有选择性，例如，可以让学生自行选择教学内容并进行准备活动，在一定程度上选择训练的方法和进度；还可以让学生组织上课，让学生在互相配合中明白如何引导他人、反省自己，进一步激发学生的自主性，培养学生的策划能力、组织能力，通过角色的互换，了解彼此的世界。

（二）以培养学生终身体育意识为目标的拓展性教学思维

在长期的生活中，学生通过参与体育锻炼受到潜移默化地影响而形成的学习过程，这是一个持续不断的长期的过程。为使这一教学思维顺利实施，体育教师就要做好长期性的准备工作，循序渐进地对学生进行影响。

在体育教学的过程的，首先，体育教师应该充分利用引人入胜的故事情节导入，帮助学生尽早进入角色，通过活动的开展，激发学生的兴趣，这是形成终身体育观念的第一步。其次，促进和巩固学生对体育锻炼的态度，培养学生的体育素养，这是今后能够促进学生持续、积极参与体育运动的内在动力。这一教学思维可以与其他教学思维相互影响，相互作用，这就是这种教学思维的价值所在。

（三）以掌握运动技能为主要目标的拓展性教学思维

传统的体育教学以学生掌握运动技能为主，而拓展性教学思维目标广泛，但是对运动技能的训练很少。这种教学思维需要借鉴传统体育教学的运动项目，采用拓展性教学思维的形式实施，教学的单元计划也要以某一项运动技能为主线，按照中学生身心发展的变化规律设计教学过程，通过合理地改造，赋予体育教学内容以丰富的趣味性和娱乐性，使学生能够系统地掌握知识技能，提高技术水平和能力，同时又能体验到乐趣。教学的指导思想主要侧重从游戏中掌握运动技能，在快乐体验的同时完成教学任务。这种学习型教学思维的教学程序区别于其他教学思维，在课程的开始部分需要体育教师引导学生产生兴趣，通过讲解示范让学生练习体验，最后通过游戏加强体验结果。该种教学思维需要体育教师具有较高的运动技能水平和较强的指导能力，其难点是学生运动技能的掌握，这是一个较为枯燥的学习过程，但重点是让学生体验到游戏的乐趣的同时又能掌握技能，这种教学思维就要充分发挥体育教师的主导作用，兼顾各种因素。

（四）以熔炼团队为主要目标的拓展性教学思维

团队熔炼是拓展性教学思维的一种显著的特征，以熔炼团队为主要目标的集体主义拓展性教学思维是指，在体育教学过程中，以学生之间相互协作、情感交流和经验分享作为教学的主导方式，通过设计一些有难度、有能够达成的教学目标，以小组的形式进行队伍的编排，队员之间相互协作，通过克服困难找出方法，加深学生之间情感的交流，从而高质量完成教学任务的学习策略。这种教学思维要注重教学过程和教学结果的评价，主要是为了能够使学生在不断地学习中主动地与同伴交流自己的心得体会，学会分享经验，通过合理的方式表达自己的情绪体验，提高自己的交往能力和乐于助人的精神。

二、中学体育教学引入拓展性教学思维的开发策略研究

（一）根据不同年龄阶段的特点实施不同的拓展性教学思维课程项目

拓展性教学思维的确对学生的身体存在一定的危险性，但是这些危险对学生素质能力的提高有很大帮助，只要针对不同年龄段的学生实施不同的教学思维项目，就会循序渐进地提高他们的身体素质与能力。因而，只有根据中学生的不同年龄特点、不同身体体质，制定不同的拓展性教学思维项目，才能达到教学教育的目的。

（二）加强师资队伍建设，提高教师的专业素质水平

体育教师的专业素质水平直接影响着体育拓展性教学思维完成的质量。学校应该积极组织教师进行拓展性教学思维知识的培训，以便提高体育教师的专业素质水平；与有成功教学经验的地区举办拓展性教学思维教学的研讨会，促进教师之间的交流，学习成功的经验，丰富体育教师对拓展性教学思维教学实施的体验，提高自身的水平。同时，体育教师应该积极主动地参与拓展性教学思维培训过程，开阔眼界，丰富自身的知识，学习先进的经验，充分利用现有的体育资源，最大限度地开发体育拓展性教学思维的课程内容。所以，学校应该积极组织体育教师进行相关专业的培训，提高体育教师的教学能力，这是拓展性教学思维能否在中学体育课堂教学中顺利实施的前提条件。

体育教师应该具备专业的知识、灵敏的头脑和反应力，同时还要有一定的户外生存经验，掌握生存技巧的知识结构，能够及时捕捉知识、更新知识、拓展知识、灵活运用知识，掌握学生微妙的心理变化，能够独立应对突发事件，给予学生积极、乐观、正确的引导，同时还应该具有一定的管理组织能力，清晰的头脑。从事体育教育的广大工作者应开阔视野，开发思维能力，将拓展性教学思维项目同体育教学更好地结合起来，巧妙地设置一些情节，既提高学生的兴趣，又使学生的综合素质得到提高，把社会发展的需要和体育课程的需求通过团队拓展性教学思维的方式联系在一起。

（三）为拓展性教学思维的实施提供必要的场地器材

拓展性教学思维的方式灵活多变，学校可根据学生的特点以及拓展性教学思维项目的要求，对体育场地进行基础建设，同时也可根据自身的师资力量水平有选择性地对体育器材进行挑选，这样能够为拓展性教学思维的顺利实施提供物质保障。

较强的灵活性和适应性是拓展性教学思维优于传统体育教学的两种特性，它受环境的影响较少，室内外都可进行，所需场地器材都比较简单，学生可以根据项目的要求分成几组进行。体育教师可以根据现有的

体育场地设施和器材制订教学计划，也可以用现有的器材替代所需的器材，如铅球、绳子、接力棒等器材都可以用夹心球替代，有很多项目并不需要器材的辅助，因此，即使是条件不是很优越的学校也很适合开展拓展性教学思维活动。

拓展性教学思维内容丰富，实施方式具有灵活性和多变性，可以通过实现特定目的设计的活动内容，这种类似于游戏拓展性教学思维的运行方式融趣味性、实用性、知识性于一体，能够激发学生体育运动的热情，使学生积极主动地参与活动。

（四）加大宣传力度，让人们对拓展性教学思维有正确的认识

拓展性教学思维项目是一种新型的运动项目，拓展性教学思维传入中国之初是用来进行企业员工培训，参与方式一般是俱乐部形式。因此，应该加大宣传力度，让人们对拓展性教学思维有一个正确的认识，让他们能够积极地响应并参与其中。

（五）进行风险评估，建立安全保障体系

安全是拓展性教学思维培训过程中的一项重要责任，学校尽可能地通过一定的手段保障拓展性教学思维各个环节的安全。各项户外活动的保护装备均使用一流的专业器材，并由经指导环节监控活动的全过程。因此，必须有针对性地进行防范工作，保证拓展性教学思维在中学体育课堂中的顺利实施，课程要经过详细的制定和安排。

（六）健全学校课程管理体系，为拓展性教学思维的实施提供制度保障

完善的学校制度为拓展性教学思维能够在学校顺利实施提供了保障。要健全学校课程管理体制，应先让学校认识到学生的任务不仅仅是学习，培养学生其他方面的能力也很重要，使其对开设拓展性教学思维课持支持态度，只有这样才能从根本上保证拓展性教学思维课的开设。

（七）充分利用各种自然、人力资源

拓展性教学思维进入中学体育课程更有利于各个学校根据实际情况

开发本校课程，自主选择拓展性教学思维的内容、实施方式、教学手段，有的放矢地对体育教学进行改革和实验。学校可以配合拓展性教学思维的项目，因地制宜地开发各种资源，例如，可以调动学校有体育特长或者爱好体育的教师、家长、骨干学生或者其他学校在职人员参与课程的实施与改革；利用学校的自然资源，稍加改造或者与体育器材相结合，模拟拓展型教学思维场景，开发学校自然资源，并对传统的体育项目加以改造，丰富体育课程资源。不仅如此，还可以充分利用校外课余体育运动项目或者组织部门，开展社区体育、俱乐部体育、冬（夏）令营等体育活动，开发社会体育资源。

第五章 信息时代下中学体育教学变革分析

第一节 信息技术时代下中学体育教学语境的变化

语境是人们在交际过程中表达思想感情的语言环境，对应的是传播环境。一切传播活动中的表述或解读都基于语境而存在。体育教学语境是指体育教学活动赖以存在的涉及教学主体生活与学习的社会文化，属于广义的语境。信息技术在社会生活中切实地发生着变化，学校是文化传播和创新的场域，因此，体育教学语境在信息技术应用与发展下必然会发生重大变化。

体育教学环境是一种特殊的环境，它对天气、场地、设施和器材等要求更高。当前，信息技术可以通过比特的符码、拟像、文字等表达世界的意义，学生能够按照他们的意愿建构数字化和虚拟化的理想环境，随时随地与其他教学主体进行信息互动，可以不再拘泥于时空限制。

一、虚实相生的运动空间

如今信息技术的发展更倾向于创造，能够重新糅合源于自然与文化的信息为学生构建全新的虚拟世界。现实本身就是超现实的，实物虚化、虚物实化和高效能计算机信息处理等技术打造的逼真的三维物理空间，为人类提供了视觉、听觉、触觉等多重感官的模拟，人们可以通过语言、手势等方式很自然地与周围的世界进行实时互动。在虚拟空间中的这种交互方式更加符合学生的行为习惯，使他们能够全面感知信息，如同身临其境般地沉浸在学习的情境之中。

（一）理想的体育学习场所

时间和空间可以扩大或缩小，自然事件可以加速或延缓，学生可以将场地、器材、设备甚至天气搬进教室。虚拟现实技术可以按照教学主体的意愿和需要营造的体育学习环境，让学生足不出户便能体验多种类型的体育运动，学习各种运动技能。

（二）仿真的体育赛事场景

如果印刷媒介是眼睛的延伸，广播是耳朵的延伸，电视是耳朵和眼睛的同时延伸，那么信息技术支撑下的多媒体网络媒体则是人的思维、神经和感官功能的延伸。感测和智能技术让人类的感知器官得到延伸，多媒体让人的耳朵与眼睛得到延伸，网络让人的传导神经得到延伸，技术和计算机让人的大脑思维器官得到延伸。信息技术拓展了人的感官系统，可以为体育运动的体验提供逼真的赛事场景，让人乐享其中。虽然还存在未解决的理论问题和技术障碍，虚拟现实技术还没有广泛地运用于体育教学中，但是它已经进入人们（尤其是青少年）的生活。

电子体感游戏是通过肢体动作变化进行操作的新型电子游戏，它突破了用手柄和按键输入的操作方式，体感游戏已经伴随智能电视逐渐进入家庭。在体感游戏中，玩家扮演一个角色投入计算机创建的三维虚拟环境中，视频动作捕捉系统捕捉到玩家在感应区域内的动作，计算机根据捕捉到的反馈信息执行相应的程序与玩家进行互动。玩家完全浸润在体育游戏中，他们从环境中得到的反馈和对环境中的物件可操作与在真实环境中的体验相同。

虚拟现实技术将人机交互方式从鼠标、键盘和显示器的输入输出转变为肢体语言识别等多重触控。这种交互方式更加和谐自然，帮助使用者过滤掉所有不相关的知觉与干扰，全身心地投入人机交互中。在精彩的体感游戏中，玩家会有一种身临其境的体验感，模拟的体育赛事情节可以让玩家扮演各种角色，在逼真的环境中学习动作技术，了解赛程规则和演练战略战术。游戏过程中玩家还能得到丰富的信息反馈，使他们对自己的动作质量有清晰的认知，及时纠正错误动作，动态交互让游戏更加引人入胜。由此可见，在仿真体育场景中进行体育学习，可以极大地调动学生运动学习的积极性。

在虚拟现实方面，信息技术更像一种隐喻，通过隐蔽但强大的暗示重新定义环境。实践证明，将虚拟现实技术运用于体育技能学习中，技术的情景化、真实性、自然性和交互性可以使体育学习取得良好的效果。

二、泛在的学习空间

智能终端、云计算以及物联网等信息技术的发展使得任何人能够在任何地方的任何时间，利用随手可得的学习设备，以自己的方式获取自己所需的学习信息与学习支持进行学习。由于体育学科的特殊性，在传统的体育学习中，操场就是体育教师与学生信息互动和情感交流的场所，学生运动技能的习得、运动兴趣的培养以及运动习惯的养成大多是在这里进行，移动应用程序和平板电脑在教育中的应用将成为主流。而今，随着支持泛在学习的信息技术的不断发展，体育学习环境将会发生重大变革，体育学习活动变得无处不在、无时不有。体育学习资源、学习服务、学习终端等可以实现无缝衔接，教学主体之间可以随时随地进行交流与协作。

（一）自然的体育运动交互领域

信息技术的进步使移动设备的情境感知能力日益增强，电子微型感知设备将使用者生理和心理、身处的环境、遇到的问题等信息被采集到方寸之间的移动计算机中，具有强大信息处理和交互能力的计算机经过智能处理及时将信息转化为学习、决策的参考知识以供使用者后续学习。手持可穿戴设备的开发和简易化的软件操作使信息技术处于非妨碍的状态，人们可以很自然轻松地进行人机交流。

随着感知识别和芯片嵌入技术的发展，智能手机和健康手环逐渐成为人们体育运动的认知工具，在人们的运动学习中扮演着教练与锻炼伙伴的角色。智能手机上的体育运动 App 软件可以根据学生的需要制订个性化的锻炼计划，设定好每一天的运动目标和运动内容，为运动学习锻炼过程提供动作示范和注意事项。健康手环则实时记录学生日常生活中锻炼消耗的卡路里、睡眠质量和饮食摄入量等数据，并将这些数据与手机操作系统同步，依据这些数据为学生提供针对性的服务和评价，指导运动锻炼和健康生活。学生能够以自然的（语音、触摸）或人性化的（兴趣、情境）方式与体育学习环境交互。

智能手机和健康手环轻便小巧，不但可以人性化地融入学生的生活中，而且可以智能地指导运动学习，这使得在信息技术指导下的体育运动学习和锻炼如同在林间漫步一样轻松。

（二）非正式的体育学习环境

云智能学习资源、全面覆盖的网络技术和智能移动终端共同营造了一个无处不在兼具个性化的教育语境。学习方式由传统课堂地从经验中学习转向日常生活的体验式学习。体育学习如同回到史前状态，从详尽的规划、固定的课堂、统一的课程、强制性的任务向无特定的目的、移动的学习、个性化的指导以及基于情境和问题的学习回归。

在泛在的学习环境中，各种教育机构、体育商业俱乐部、社区和家庭都被有机地整合在一起，共享开放的体育教育网络资源。无论何时何地，学生都能够获得便捷的信息技术支持和服务，这使得体育的学习需求、学习发生和学习资源变得无处不在。

随着媒体技术的发展，相关科研人员和体育教学工作者正在探索传播途径多元的体育微课程，以满足当代学生微型学习、碎片化学习、探索性学习、非正式学习的需要。体育学习呈现目标个性化、方式多样化、时间碎片化以及场地无形化等非正式性的特点，在资源获取便捷和交流互动畅通的泛在学习环境下，体育学习更需要依靠学生自我发起、自我规划、自我调控和自我监督。

（三）终身的体育学习时空

泛在学习环境的最大特性为持续性，它能关注每一个学生一生的学习需求，实时地提供学习资源和信息反馈。不同年龄阶段、不同职业类型以及不同认知水平的学生可以随时随地进入这个能够满足终身学习的时空，获得学习服务的机会，通过持续不断地学习获取知识，发展自身能力。

　　终身的体育学习成为现代人的健康需求，也是一种现代文明的生活方式。在泛在的学习环境中，体育学习所需的资源和平台就像水、电、煤气等日常生活服务一样，价格低廉却获取方便，因此能够以循环的方式存在于个人生命的周期中，与工作、休闲、退休及其他活动交替发生。云端记录和存储着体育学生的基本信息和学习轨迹，这些数据安全可靠，不会丢失。在任何时候，只要学生提出学习请求，体育教师就可以即刻从"云端"获取学生的兴趣爱好、健康状况、学习能力和运动技术掌握程度等相关信息，提供随时随地的个性化指导，以满足学生的需求。

三、体育教学资源：从静态资源到动态资源

　　在信息技术环境下，体育教学信息资源显得更为重要，学生掌握的信息资源数量越多，质量越优，其学习效果也就越好。

　　信息技术的应用使得计算机、网络、交互白板、平板电脑、手机等具有存储信息及交互功能的新型媒介应用于体育教学资源的承载和传播，解决了信息只能直线、单向的传播问题，使用者不仅可以同步共享体育学习资源，而且可以参与体育学习资源的建设。体育学习资源变成了一种动态资源，在体育学习活动中无限循环。

　　（一）开放性的渠道和共享性的平台

　　在信息技术的支持下，用户和教学资源是非接触性的一对多的关系，学习资源具有开放性的特点。无论资源存储在何地，只要知识产权、网络带宽和信息流量许可，终端用户都可以接入网络，同步或异步获取信息资源而互不影响。

　　不少学校通过云课堂这种开放的、灵活的教育平台为学生提供了丰富的体育学习内容，提出学习方法建议，指导学生进行课堂外的自我学习。学习内容的非线性传递和超容量的数据库存能够满足学生多样化的需求，体育教学中运动项目的技术和战术的动态演示、静态分析和体育知识的讲述、案例分析、练习题、测试和答疑通过网站平台展现给学

生。学生可以结合自己的身体条件、兴趣和经验，设定个人的体育学习目标，根据体育课程网站提供的资源和学习建议，制定个人学习方案，按照自己的进度安排学习。学生在学习实践过程中遇到问题时，可以及时地通过网上辅导答疑、电话、电子邮件、微博、微信等渠道向教师和同学寻求帮助，通过自我建构的方式来学习体育。云课堂拓展了学生获取体育学习资源的渠道，大大拓展了体育学习资源传播的范围。

另外，电子信息具有载体可复制性的特点，解决了体育学习资源共享时因复本数量的限制而导致的信息无法获取的问题，这更易于体育学习资源在更广泛的范围内传播。如今，微信、微博等成为学生经验交流的平台，使用者在遇到优质的体育学习视频和教学经验类文章时，可以通过上传、下载、转载和分享等方式将资源进行永久保存或与所属群体分享，这为更多的体育学生便捷地享有体育学习资源提供了渠道。

信息技术使体育学习资源具备了开放和共享的特性。在网络世界中，体育学习资源实现了在整个网络领域中的共享。每一个学生都有机会对同样的资源信手拈来，为随时随地的体育学习创造了可能。

（二）可再生的循环

人们在共享知识的过程中同时也创造出新的知识。信息技术的进步使得学习资源可以进行同步和异步的双向传播，用户不仅能获取和使用信息资源，还能通过发送即时信息和邮件、编辑词条、论坛发帖和评论等多种方式评价与反馈信息。学习资源在被利用的过程中不断丰富与完善，其内容像滚雪球似的不断增加，形成新的再生资源，实现自我增长。

信息技术鼓励并激发每一个学生的想象力和创造力，促使他们由资源的利用者向建设者转变，每个学生都在信息网络世界里贡献着自己学习的体验和智慧，促使体育学习资源向更丰富、更深层次的方向发展。

（三）时效性和丰富性的内容

在信息技术时代，两天积累的信息综合就相当于人类历史留下的全部记忆。体育学习资源的开放、共享和可再生，使得信息更新速度之快、内容之丰富前所未有。

1.快速的知识更新

信息技术的发展使体育学习信息的存储、传递、提取以及反馈方式都发生了重大变革。在网络环境中分散着无数的客户端，每时每刻都可能有大量的体育学习信息生成，教育部门发布的与体育有关的行业规定，媒体报道的体育新闻，某学校上传的网络体育课程，某期刊更新的体育科研文献以及某体育教师分享的教学文件等，体育学习资源的数量因此呈几何级数增长，体育学生对资源生成的时间要求越来越高。

2.丰富的资源呈现方式

信息技术时代下的体育学习资源运用多媒体、超链接等形式立体化地呈现。文本、图形、图像、音频、视频和动画等丰富的资源的呈现手段大大增加了信息内容的表现力，这更能吸引学生的注意力，使学生理解体育知识和体会技术动作更加深入和透彻。

在信息技术的支持下，多元的信息来源渠道、海量的存储能力和多样化的信息表现形式使体育学习资源更加新鲜丰富而又形象生动，极大地满足了体育学习的资源需求。

（四）个性化的服务

随着信息技术的进步，体育学习资源逐渐回归以人为本，为不同学生提供优质的、个性化的资源服务已经成为必然要求。

1.个性化的资源内容

体育学习情境是独特的、不确定的、复杂的、充满价值和冲突的。在基于 Web3.0 的网络中，学习资源的利用者同时也是资源的建设者，资源的利用与建设过程紧密结合。教学与研究的背景各异，视角不一，观念不同，由他们建设的体育学习资源更具个性化特点，这更有利于后续资源使用者获取更符合他们需求的信息，形成更加成熟的认知。

2.个性化的资源搜索

在互联网平台上，学习资源是个体积件式的，它以知识点甚至某一知识点的某一方面为单位呈现，犹如灵活拼装的小积木。使用者提出资源服务需求时，小积木迅速流动，组合汇聚还原成资源者所需要的完整信息，满足资源使用者的个性化需求。

先进的信息技术使得体育学习资源检索更加方便、逻辑组配灵活，资源获取的效率和质量也大大提高。个性化的体育学习资源满足了不同层次、不同区域、不同条件和不同学习水平下的学生的多元化需求，学生可以轻松获取想要的信息资源以设计出具有创新性的体育活动。

第二节　信息技术时代下中学体育教学的娱乐方式

体育教学对象是指体育教学中体育知识和运动技能的接受者，对应的是受众。体育教学对象（学生）是具有主观能动性的人，要对教学对象进行知识传授、行动指导、情感与道德引导，需要进行频繁而复杂的交流与互动。这一切必须建立在对学生充分了解的基础上，只有教学内容、方法与学生相符合，教学活动与学生生活的社会环境相适应，才能达到良好的教学效果。

数字化的中学体育娱乐方式指的是运用数字技术和互联网平台进行中学体育和娱乐活动的方式，下面列举一些数字化的中学体育娱乐方式的例子。

一、电子游戏和虚拟现实

中学生可以通过电子游戏和虚拟现实技术参与各种体育和娱乐活动，如运动比赛、健身训练和冒险游戏等，这些游戏可以提供沉浸式的体验，使学生在虚拟环境中进行运动和娱乐。

二、移动应用程序

有许多移动应用程序专门设计用于中学生体育和娱乐，这些应用程序提供了健身训练指导、运动技巧教学、运动挑战和游戏等功能。学生可以通过手机或平板电脑使用这些应用程序进行个人健身和参与社交互动。

三、在线体育课程

通过在线教育平台，中学生可以参与各种体育课程和训练。这些课程可以提供视频教学、实时指导和在线交流等功能，帮助学生在家或学校进行体育训练和技能提升。

四、电子竞技

电子竞技作为一种数字化的体育娱乐方式，已经在中学生中越来越流行。学生可以参与电子竞技俱乐部或组织的比赛，与其他学生进行多人在线游戏竞技，并展示他们的游戏技能。

五、社交媒体挑战

通过社交媒体平台，学生可以参与各种体育挑战和娱乐活动。例如，他们可以录制和分享自己的运动视频、舞蹈表演或健身挑战，与其他学生互动和竞争。

这些数字化的中学体育娱乐方式可以增加学生参与体育和娱乐活动的机会，促进他们的身体健康，同时也提供了与同龄人互动和竞争的平台。然而，需要注意的是，适度和平衡地使用数字化娱乐方式对学生的身体和心理健康非常重要，同时也要确保他们得到足够的户外运动和面对面社交的机会。

第三节　信息技术时代下中学体育教学的效果评析

一、体育教学的满足能力

使用与满足理论认为，各种传播交流形式之间会展开竞争，供人们选择、注意和使用。根据对信息技术发展的预测，信息技术在教学领域得到应用以后，学生能够直接与他们所学的内容进行互动，可能都不再需要教师的介入了。信息技术下理想的环境和按需分配的资源确实为体育学习提供了全方位、个性化、持续性的服务。

教育人才是体育教学工作的本质，而运动只不过是体育教学的工具。教育是一个复杂的传播过程，单靠信息技术进行信息的传递完成不了教书育人工作。体育教学更是一种特殊的传播活动，它兼具教育传播和非语言传播的双重特点，更是信息技术无法替代的。

（一）体育教学是师生之间知识、运动技能和情感的信息传播过程

体育教学主要以培养学生的运动性认知为主，而动作技能学习建立在身—心—元结构的身体性认知基础之上，是观察动作形象与过程的外部信息与体验身体感受的内部信息相互作用的结果。

当前信息技术在体育教学中的应用更多是演示运动技术动作、反馈学生的动作正确度（非准确度）和监控学生的生理状况，主要是通过人机对话帮助学生习得技术动作，完成动作学习和身体锻炼，展现的只是技术动作形象与过程的外部信息，让学生对运动技术的自然状态有清晰的认知。学生在动作练习过程中身体感受的内部信息却只可意会不可言传，信息技术目前无法感知和模拟。而这种体验动作的过程才正是体育教师所要教、学生所要学习的内容。这需要有过动作体验经历的教师将自己投入学习记忆之中，与学生一同感悟，悟出的内在感觉与实际练习中获得的内部信息之间的程度、差别的缩小或减少逐步提高动作与标准动作的吻合程度，引导学生用身体把动作技术的自然状态表现出来。

另外，传播效果不仅是指受众对信息的获得，更是指受众在受传过程中，情感的转向和行为的变更。体育教学的任务还有情感内化的培养。在运动技术教学的师生共同体验动作的过程中，师生之间的互动频繁，双方不仅有体育知识、动作技能之间的信息交互，更有师生教与学的态度、精神以及意志品格的共享和关照。

（二）体育教学是有目的、有计划、有组织的传播活动

教育传播是由教育者按一定的目的和要求，选定合适的信息内容，通过有效的媒体通道，把知识、技能、理想、观念等传送给特定教育对象的一种活动。

体育课程为学生提供了一个安全、健康的环境，学生在其中学习技能、战术、欣赏、理解、知识、规则、法令和计划，它是一个积极而具

有活力的教学场所。与拟态环境中的享乐不同，体育教学传播要素比较特殊，传播者（体育教师）经过了专业的体育知识、动作技能和体育教学传播素养的教育。在开展体育教学之前，体育教师需要进行认真的准备，需要预测教学效果，能够对教学效果进行把握和调控；传播对象（学生）是均等的，他们的受教育程度、年龄和生理特征、知识结构、运动基础、社会文化等都相似；传播内容（教学内容）是经过严格筛选和组织编排的；传播渠道（教学方式）通常采用面对面的形式；传播环境（教学场所）在一个相对固定的场所，利用一段相对完整的时间进行教学。

（三）体育教学创设了教学主体之间在场交流的传播场域

体育教学过程必须有教学主体的真实参与，群体性是体育教学的传播特点。小组活动是体育教学区别于其他学科教学的最基本的组织形式，师生、生生之间的交往是体育教学的核心要素，体育教学的传播特质保证了教学主体之间的在场交流。

教学效果的产生不是一个简单的过程，传播效果分为两个方面：一是作为信息传递过程的信息流，二是作为效果或影响产生和波及过程的影响流，需要经过人际关系中许多环节的过滤。在体育教学的交流过程中，真正影响体育教学效果的不只是信息流，还有影响流。一方面，学生之间可以在群体活动中相互参照，将自己的本体感觉与同学的评价、教师的动作示范进行比较，为个体的动作技术改进吸取有针对性的参考信息；另一方面，在游戏中每个学生有明确的角色扮演，都有各自的责任与分工，通过群体游戏体验和掌握运动项目的战术、规则、礼仪等方面的知识信息。

学校教育的目标应该着眼那些在社会生活中无法自然获得，而必须经由学校教育才能获得的经验。尽管信息技术的发展为学生提供了多重获得体育知识的渠道，开创了多样的体育学习平台，但是学校通过体育教学这种在场的、群体的、有规划的传播方式让学生在体育学习中获得更多的体验，更有利于学生全面发展的需要。因此，信息技术时代下的体育教学变革需要坚守和发扬这些传播特质。

第四节　信息技术时代下中学体育教学的变革思路

一、变革是继承和创新

信息技术的应用和发展开放了人们对信息需求的多样化渠道。从学生（受众）学习体验的角度评析体育教学效果发现，信息技术是朝着更人性化、更符合体育教育传播特点需要的方向发展，是人与人的交流活动，是人与人精神的契合。体育教学应该进一步延续、彰显和发扬传统体育教学的传播特质，即发挥教学主体在场教学的优势，为体育教学创造良好的传播场域，让教学主体之间有更加充分的知识与情感交流。

信息技术时代下体育教学的变革应该根据时代发展需求、体育教学语境特点、体育教学对象诉求和体育课程特质在传统体育教学的继承中创新。体育教学应该在继承传统教学优势或融合传统教学智慧的基础上改变学生被动接受的地位，重视教学主体间的在场交往，革新体育教与学的目标、内容、方法与手段，从个体接受向群体探究进行变革，实现体育教学关系的重建和深度互动。

二、变革是教学要素的协同性优化

体育教学传播要素之间构成了一个相互影响的体育教学传播系统，具有组合性特征，这些要素之间的协调运用推动了体育教学的顺利进展，使得体育教学成为一个有声有色、秩序井然、节奏鲜明的过程。

体育教学需要不断地映射动态的变迁，信息技术的应用与发展带来的最直接的影响是体育教学媒介技术更新，最深层次的影响是体育教学语境与对象的变化。既然体育教学是一个教学要素相互影响的传播系统，任何一个体育教学传播要素的变化都会引起系统的整体变化，那么其他教学要素（体育教学目标、体育教学内容、体育教学方式及体育教学者）也必须随之发生变化，以适应时代发展的需要。

在信息技术时代下，对教学真正起重要作用的是实践模式和结果。

在这种研究思维下，信息技术不仅仅是体育教学信息的存储与传递的工具，同时也具备了多样化的角色和功能（信息工具、情境工具、交流工具、认知工具、评价工具和效能工具），更是引起体育教学主体思维与行为方式变化的重要因素。信息技术进入体育教学的过程，实质上就是信息技术与体育教学不断发生作用的过程，更是体育教学要素在信息技术时代文化背景下进行优化和重塑的过程。因此，在传播学理论视角下探讨信息技术时代，体育教学变革不只是简单地将信息技术引入课堂，更是充分地整合体育教学资源，革新传统体育教学理念、内容与方式，以满足信息技术时代下体育教学目标的过程。体育教学变革是在分析体育教学语境与媒介特征和学生需求的基础上寻求体育教学整体性（教学目标、内容、方式以及教学者）的变革，强调体育教学要在具体的教学情境中将信息技术（媒介）与体育学科知识、体育教学方法平衡统一起来，这将是一个充满智慧的反思、探索和发现的长期实践过程。

体育教学要符合信息技术时代下体育教育的要求，需要在传统教学的基础上进行继承和创新，根据时代发展的需求和体育课程特点，对既有的体育教学要素协同性优化，从体育教学目标、体育教学内容、体育教学方式和体育教学者等方面全方位地制定策略，这需要综合应用传播学学科智慧给予回答。

第六章 信息时代下
中学体育教学变革的路径

信息技术的发展与应用让体育教学具有了全新的教学语境和教学对象，履行体育教学任务需要与传统方式有很大的区别。这里在体育教学语境的变迁、体育学生的特点、体育教学的传播特性分析的基础之上，综合应用传播学理论制定体育教学策略，为信息技术时代下的体育教学提供了理论参考与实践范例。

教学法一旦触及学生的情绪和意志领域，触及学生的精神需要，这种教学法就能发挥高度有效的作用。信息技术时代下，学生的体育学习自主性不断增强，在进入体育教学传播场域之前就已经有了一种知识信息接收框架，会对教学传播状态产生一种期待。因此，制定信息技术时代下体育教学的策略实际上就是探寻如何充分利用信息技术，发挥体育教学的传播优势，吸引学生积极地投入体育教学传播活动中，激发学生接收信息的主动性，提升其有效性，从而达到体育教学全面育人的目的。

第一节 体育教学中培养智慧运动者

体育教学的使命是体育教学的职责、责任，对应的是传播目的明确。体育教学的使命关系到体育教学的内容选择、方式的运用，对体育教学的效果有直接的影响。体育教学的最终目的是全面育人，但不同时代下教学的使命是不一样的。培养有智慧的运动者是在分析信息技术时代下体育教学的要求、学生的学习方式、特点和学习需求以及体育学科特征的基础上提出来的。

信息技术的应用与发展使得崭新的以关怀、关切、关联、技术运用、团队协作、迁移能力为教学目标的时代已经来临，由此可知，信息技术时代下的教学主要目标是促进学生在问题求解、决策、获取隐性知识、批判性思维、创新、团队协作、可持续发展等方面获得有效发展。

一个智慧的运动者能够适应任何运动环境，不只在机械的动作和游戏的技能上有很强的能力，而且还应具备在适当时机选择技术和阅读理解比赛的能力。求真的智慧意味着在体育运动中表现出来的高水平思维能力和解决复杂问题的能力。

物联网、移动互联网、云平台、社交网络、大数据等信息技术在教学中的应用让自然和数字时空相融合的教育空间具有永久性、可获取性、即时性、交互性、教学行为的场合性、适应性的特征。这不仅让学生能随时、随地、随需进行学习，而且帮助学生分担了大量重复而又简单的学习任务，引导学生将更多如注意力、记忆任务、兴趣等心理资源投入更高价值负载、更需智慧的学习任务中。体育教学的目标是要教给学生自主学习体育、欣赏体育、享受体育和健康生活的技能与方法。

随着对社会发展和体育课程价值认知的深入，我国的《体育与健康课程标准》也提出了发展学生终身能力、为学习和生活奠定良好的基础、培养学生的运动兴趣和提高学生的体育实践能力等目标，而这些目标的落实需要学生深刻理解体育对人的意义，直接参与体育锻炼方案制订和运动实践的过程，具备在复杂情境中的应变能力和解决问题能力，真正地享受体育运动带给他们的健康和幸福。

体育教学要传播体育项目所承载的仪式、价值观念和传统运动项目的意义，并借此提升学生的情感。与其他学科相比，体育是唯一能够在提升学生自然生命质量的基础上，兼顾学生心理、精神和道德发展的课程。在体育教学中，学生不仅要学习体育知识与技能，更要培养体育运动的参与和认知态度，合作、探究和交流能力以及坚忍的意志品质。因此，将零碎恢复为完整是信息技术时代下体育教学的重要使命。

高技术需要与高情感相互平衡，在技术至上的背景下，体育教育需要特别重视认知因素与非认知因素的协调发展。培养良好的体育道德及合作精神、公平竞争的意识，帮助学生掌握调节情绪和与人交往的方法，成为信息技术时代赋予体育教学的历史使命。

综上，在信息技术时代下，学生在体育教学过程中获得的不仅有求真的智慧，更有共善的智慧。体育教学的理性指向真，体育教学的德性指向善，前者以知识、方法（思维方法和实践方法）为基础，后者在学习过程和与学习主体交往过程中获得。求真与共善两者和谐共存进而达到至美的目标，成为有智慧的运动者。

第二节　中学体育教学内容的改变路径

体育教学内容是师生双方进行传播沟通的话题，也是体育教学实施的载体，对应的是传播内容。根据传播学的理论，传授双方具备共同的意义空间是体育教学的前提。要使体育教学流畅地进行，传授双方除了对传播中所使用的符号含义有共通的理解外，还必须具备大体一致或接近的生活经验和文化背景。因此，如何通过体育教学内容的选择和加工寻求与学生之间共通的意义空间，以填平体育教学双方因信息技术发展而产生的代际鸿沟，并和学生展开有效的交流与沟通，是信息技术时代下体育教学变革的关键。

一、以学生经验为选择取向

体育教学的内容选择指向"体育课程应该教什么"的问题，它有三种取向，即学科知识、当代社会活动经验和学生经验学科知识的传播。信息技术时代在体育教学的环境和资源日趋人性化的背景下，学生的自主学习意识和能力逐渐增强。

根据传播学理论，学生是体育教学活动的主动参与者，学生之所以投入体育教学活动，是因为被其中某些特质所吸引，进而对这些特质做出了回应。学生在体育教学活动中能否真正地理解教学内容，达到预想的教学效果取决于学生自身对知识的建构。体育教学的内容选择必须激活学生兴趣，体育教师传递的内容的信息源频率与学生的固有频率才会更加接近，教学双方共有的意义空间得以扩大，二者在信息交流与沟通上就更能产生共鸣。

为激发学生的兴趣，提高体育教学效果，我国体育教学的内容选用密切关注学生的生活世界，注重从师生双方相接近的生活经验和文化背景范围内获取素材。当前，民间传统体育项目、现代科学的健身方法、新兴体育项目逐渐进入体育教学课堂，增添新兴时尚体育运动项目以寻求体育教学双方共同的意义空间是目前我国学校体育教学内容选择的主要途径。

二、通过信息设计满足学生对内容的期待

信息设计是指传播者根据特定的传播目的和具体的传播语境，设计符合自己传播意图的信息。课堂上传播的信息需要体育教师对该学科知识进行再开发和再创造，这是对信息进行深加工的过程。在体育教学中，运动项目的身份是运动素材，要成为体育教学内容还需要经过体育教师的选择、加工、编排和整合，这是对运动素材进行深加工的过程。

信息技术时代下体育文化交流频繁，体育运动项目更新速度加快。以学生的经验为内容选择取向讲求的是为学生提供学习体验，体育教师对运动素材的深加工。让学生即使在传统运动项目的学习中也能获得愉快的体验是寻求体育教学双方共通意义空间的另一条途径。

对运动素材进行深加工需要体育教师对各种运动技术有深刻的理解，在保证运动项目核心不变的情况下将运动素材进行有机整合。体育教师需要准确地把握素材之间的内在联系，有效发挥各自的功能和价值。

综上，体育教学内容是师生交流的信息载体。在体育教学内容选择上寻求共同的意义空间是师生进行高效互动的关键。以学生经验为取

向，选择贴合学生生活实际和兴趣爱好的新兴运动项目作为教学内容，可以提高学生的学习兴趣和意愿。通过信息设计，选择、编排和整合运动素材加工成教学内容，可以让学生在传统项目的学习中获得新奇的体验，激活学生的积极性和创造力。无论哪一种途径，都需要体育教师关注学生的生活，增强对教学实践的反思能力，充分发挥主观能动性以提高对体育教学内容的创新能力。

三、中学体育教学内容优化的理论基础

（一）教育学理论基础

教育学理论指出，在教学中，教学内容意义重大，教学内容为教学目标的实现以及培养目标的实现提供了保障，教学方法和教学手段的运用也是为了教学内容的有效传递。因此，教学内容是教学改革的重点。体育教学任务是指导学生进行身体锻炼，确保学生体育锻炼方法的正确性，使学生能够掌握卫生保健知识，培养学生的良好品德。体育课程的基本手段是各种身体练习，包括跑、跳、投等，其主要内容是练习竞技、实用性、健身性技术动作。中学体育课程中，体育教师对教学内容要进行科学合理的选择，确保体育教学内容和教育对体育教学的要求相吻合，确保学生基于学习体育课，对体育课程基本理论、基本知识、基本方法、技能等能够掌握，使学生具有一定的运动技能。同时，体育课程要求体育教师具有体育教学能力、对体育运动进行指导、组织、管理的能力，使学生的专业素质、心理素质等能够得到提高，满足社会要求。教育理论中对教学中教学内容的重要性进行强调，明确规定了体育教学任务，为优化体育教学内容提供了理论支持。

（二）主体性教学理论基础

主体性教学理论指出，教学活动的主体是学生。在教育活动中，学生为主体，教师起主导作用，学生基于教师的指导，对外部世界关系进行处理，此时表现出学生的自主性、创造性、能动性等。体育教育专业

体育课教学内容优化要确保学生的主体特征得到体现，对学生独立自主的能力进行培养，使学生能够对和自身、社会需求联系紧密的教学内容进行选择；教师基于优化体育教学内容的原则方法等，积极主动地对体育教学内容进行加工调整。基于教师的指导，学生通过自身学习，实现对选择性、能动性、自主性等特征从内化到外化，对学生主体特征的形成起到促进作用。

（三）现代教育理论基础

现代教育理论认为，现代教育的一个基本特征就是不断地变革，通过不断变革使其成为教育的本性。作为现代教育重要内容的体育教学，其意义是基于体育活动促进学生对体育运动的方法能够掌握并运用，使学生的身体素质能够得到提高，使学生的身心更加健康。以现代教育理论为依据，结合现代教育变革的需求，不断调整当前体育教学内容，对其内容逐渐更新与充实，目的是确保体育教学内容能够和现代教育的要求相吻合，使现代素质教育中体育教学的作用得到充分发挥。

四、中学体育教学内容优化的基本原则

（一）优化的依据

1.基础教育体育与健康改革的需要

体育课程是我国基础教育中一门必修的课程，在体育教学中具有非常重要的作用。因此，随着中学体育课程不断变化的体育教学需求，中学体育教育中的体育教学也应进行相应的调整，从而使中学体育教学的需求得到满足。基于此，学校在选择体育教学内容时，需要对体育教学需求进行充分考虑，以提高学生的综合能力。

2.学生的需要

学校体育的主体是学生，因此，要基于学生的身心特征、实际接受能力、实际的学习情况等进行体育教学内容的选择。体育教学过程中，对学生主体作用给予重视，对学生学习主动性、能动性进行充分调动，

使学生学习积极性与学习热情得到激发，从而真正地理解体育学习的目的。所以，教师应基于对学生需求的充分考虑对教学内容进行选择，以提高教学的时效性。

3.学科自身发展的需要

体育教学内容的改革可以对体育学科的发展起到推动作用。随着社会的不断发展，知识更新迅猛，涌现出越来越多的新知识。为了适应社会的发展，必须对知识进行及时更新，通过对新知识的学习才能和社会发展相适应。因此，随着体育学科的不断发展，需要不断地变革体育教学内容。

4.与终身体育衔接的需要

学校体育为终身体育打下了基础，在终身体育体系中具有承上启下的作用，对于终身体育有着非常重要的意义。学校无疑是为人们的终身体育思想奠定基础的关键。体育教学内容需要和终身体育进行有效衔接，确保学生能够在实际生活中利用体育科学地锻炼身体，使体育教学的价值得到真正地体现。

5.学校培养目标的需要

学校对教学内容的选择过程，要基于教学目标对合理的教学内容进行制定。所以，对教学内容的选择要求从中学培养目标出发，合理选择教学内容，可以使基于系统教学的现代化教学内容得到实现，使教学内容的实践性得到满足，为体育人才的输出与配备提供保障。

（二）优化的原则

教师应基于一定的原则对体育教学内容进行优化。通过对大量资料的查阅，对前人研究成果的借鉴，优化体育教学内容应遵循以下原则。

1.整体性原则

在优化作为一个系统的体育教学内容时，应该将教学内容看作有机整体进行优化。一方面，使体育教学内容完整性与系统性得到保障，将全面且系统的体育知识与体育技能传授给学生；另一方面，要注重灵活性，对开发学生的智力给予重视。对体育教学内容和学生生活、科技发展、社会实际等之间的联系给予重视，对学生的兴趣以及学生经验给予关注，对形成学生终身学习的技能与基础知识进行选择；对学生认识事物的正确观点和方法进行培养，使学生的智力得到充分发挥，从而获取更多的和体育相关的知识；对学生解决问题、合作能力进行培养，使其能够融入教学内容。优化教学内容需要体现适用性、针对性，从而对学生体育知识与技能的获取起到促进作用，真正实现能力的提高，对创新型、全面的复合型人才进行培养。

2.发展性原则

目前，随着技术与理论的不断发展，体育理论建设越来越系统化、综合化，认识体育运动规律与本质越来越深入，不断创新的体育技战术以及大众体育运动发展迅速，促进了体育运动向着产业化、职业化方向发展。为了使体育发展需求得到满足，优化体育教学内容需要基于对过去内容的继承，以此为根本，将新的现代化体育理论、知识以及技能融入体育教学内容中，使体育教学内容能够和产业化、社会化的体育运动发展相适应，从培养体育人才的目标出发，对体育教学内容进行调整与完善。

3.可实践性原则

体育教学内容具有实践性指的是一方面需要深入考虑学生对于体育教学内容接受的能力；另一方面要对教师本身的条件进行考虑。教师使用教学内容要有创造性，同时要对学生实践的需求进行充分考虑。

4.科学性原则

体育教学内容科学化指的是不断更新体育教学内容，对最新的研究成果、技术等进行吸收与借鉴，从而体现知识的时代性，大力培育学生对问题进行分析与解决的能力。体育教师要学会建立立体化教材体系，将计算机辅助教学课件、音像教材等融入教学内容中。

五、中学体育教学内容创新的策略

要解决传统中学体育教学内容存在的诸多问题，使其符合时代和社会发展的要求，必须对传统教学内容进行改革，实现教学内容的创新。中学体育教学内容如何创新的问题也是中学体育教学内容创新的策略问题，具体来说，可以从以下六个方面入手。

（一）树立教学创新观念，注重创新人才的培养

体育教学是我国义务教育阶段的一项重要内容，开展体育教学活动的主要目标不仅是向学生传授基本的体育与卫生知识，提高学生的体质健康水平，更加应该转变传统的体育教育理念，坚持"健康第一"，树立正确的体育价值观，促使学生积极主动地参与体育活动，形成健康的生活方式和经常参加体育活动的优良习惯。在此基础上，进一步开发体育的教育功能和娱乐功能，培养学生高尚的道德品质，陶冶情操，加深学生对体育文化本质的逐步认识与深化，将体育文化作为沉淀学生文化底蕴的重要基础之一。要做到这些，就必须强化体育教师对学校体育工作、体育教学所制定的与体育有关的方针、政策等的认知水平。相关教育主管部门及辖区内的各个学校应该积极通过各种途径加强对体育教师的继续教育培训工作，帮助学校体育教师提高认识、强化思想、更新理念；应充分利用现代网络技术，如手机 App、微信公众平台等媒体做好体育与健康知识、体育文化、体育政策与最新动向的宣传工作，使体育教师能够随时随处利用碎片化时间学习，不断提高对体育运动项目及体育课程的认知水平。

（二）加强场馆设施建设，强化管理制度

体育场馆设施、器材等是学校开展体育教学工作的物质保障条件，如何保证学校体育教学对场地设施设备的需要便成为该区域体育教学开展中迫切需要解决的一大问题。

长期以来，我国教育主管部门都非常重视学校场馆设施建设，学校

的体育场馆设施建设规模和水准也在逐步完善。因此，学校与其上级主管部门应根据学生规模的不断扩大、体育运动发展的态势，加强对体育运动项目及其课程教学的投资，改善学校体育场馆设施与设备条件，为学校体育教学活动的开展提供充裕的物质条件。

（三）开发、利用体育课程资源

教材是体育教学工作最重要的信息承载媒介之一，也是体育教学体系的重要组成部分，为体育教师开展教学活动提供了科学的理论和实践依据。学校体育教学工作面向的是全体学生，教材的编写不仅应强调掌握运动技能，增强学生体质，促进学生身心的全面发展，应更加注重现代社会对人才规格的其他需求，培养团队精神与创新思维，使其能够适应现如今快节奏、高效率的社会发展状态。

学校体育课程的教学手段和方法是学校体育教学体系与结构组成本原则是不尽相同的，因此，不一样的年代对体育教学手段与教学方法的实际运用也是不同的。现代化、科学性的教学手段和方法的选用要以启发学生灵感、激发学生学习体育知识与技能的兴趣、实现师生互动交流为出发点，使体育教师在接收到学生积极反馈的同时，更好地实施体育教学活动的下一步工作，科学高效地完成体育教学任务，最终实现教学目标。在学校体育教学过程中，体育教师要勤于思考、勇于探索学校体育教学本身的内在规律，运用先进的互联网技术，将传统体育教学法与现代教育技术充分结合，启发学生思考问题，激发学生学习体育课程的热情。当然，新的教学模式对体育教师的要求就更高了，需要教师不断学习，掌握先进的教育技术，孜孜不倦、开拓创新、努力奋进，抓住新时代体育教学方法的脉搏。学校要将使用现代教育手段与方法所需的物质条件纳入学校经费预算，购置先进的教学设备，花大力气全面强化体育教师掌握先进教学设备与方法的能力，为先进教学手段与方法在体育教学过程中的广泛应用奠定基础。

（四）成立体育兴趣小组，开展不同形式的校园体育竞赛活动

体育兴趣小组是学生课余体育的重要方面，在学生体育工作开展过程中有着极其重要的作用，丰富了学生的课余文化生活，增强了学生参与体育活动的兴趣与机会。各个学校可以成立不同体育项目的兴趣小组，让学生和家长根据学生的特定体育爱好及其他条件选择加入。这些体育兴趣小组作为课余文化生活的一部分，是体育运动从课堂向课余延伸的一种有益的尝试，对改善学生的体质健康状况，扩展学生课外文化活动，展现一个积极向上、乐观开朗的精神风貌发挥了不可或缺的作用。体育教研室可以学生兴趣小组为平台，利用课外时间，以不同的表现形式开展适合学生身心健康、安全的体育竞赛或文艺表演活动，引导学生参与体育活动，形成浓郁的校园体育文化氛围，服务校园文化建设，推动学生体育运动的可持续发展。

（五）创设良好的多元教学情境

在建构主义者看来，知识具有建构性、适应性、社会性、情境性和复杂性，是由个体所建构出来的，学习是个体通过参与、活动、对话、协商、交流等方式建构意义的过程。相应地，中学体育教学主要是为学生创设环境，建立"学习共同体"和"学生共同体"，鼓励学生主动参与教学活动和积极探索问题的答案，从而建构知识、创造意义、营造多元环境等。总之，建构主义特别强调良好的多元教学情境的创设。

多元教学观尤其强调中学体育教学情境的创设，因为只有在宽松、和谐、积极、民主、生动的教学情境里，学生才敢于质疑；也只有在这样的氛围里，学生的思维才主动、灵活，创新意识和创新能力才能得到提高，才更有利于学生的全面发展。中学体育多元教学环境的创设特别重视教学过程中师生互动所生成的教学内容。通过在交流、交往、对话创设的多元教学情境下产生的教学内容是整个中学体育教学内容的一部分，它更多地属于隐性教学内容，对体育教师和学生改善当下的生存状态、体验生活的丰富多彩和生命的活力以及体现自身的价值都有非常重

要的作用，这些隐性教学内容的教授与习得大多不是通过师生传授的传递方式，而是在特定的教育多元教学情境下由体育教师和学生通过非言语的交流方式获得的。这部分中学体育教学内容的教授和习得更加依赖和仰仗良好的多元教学情境。综上所述，创设良好的多元教学情境是中学体育教学内容创新的一个必不可少的策略。

（六）通过多种途径提高教师素质

教师作为人类灵魂的工程师，不仅应扮演好传授知识、传播文化的角色，更为重要的是履行好社会责任。教师职业的特殊性直接或者间接地对学生心理健康、思想道德，甚至对学生坚强的意志品质的塑造具有颠覆性的影响。在日常体育教学活动中，学生是学习主体，教师是最核心的引导者，如何更好地建立一支优秀的体育教师梯队是体育教学水平的首要任务。身为教师，品德是根本，也是体育教育教学活动的根本出发点。体育教师的思想境界会对学生心理或者生理产生潜移默化的重要影响。所以，就体育教师职业本质而言，体育活动特点要求体育教师在教学中必须肩负起教书和育人两项任务。

第三节　中学体育教学设计创新研究

一、中学体育教学设计的特征

认识中学体育教学目标的特征是研究和践行中学体育教学目标设计的基础。人们对中学体育教学目标进行了全面、系统的分析，总结出以下三个重要特征。

（一）中学体育教学目标设计的指向性

中学体育教学目标设计影响和制约着中学体育教学的发展方向。系统科学理论认为，任何一个系统，当输入尚未确定之前，其输出就具有一定的指向性。也就是说，中学体育教学系统在尚未引进人为的主观条件时，其目标也具有一定的指向性，而且这种指向性可以向多方面运动变化，即具有多种目标，举例如下。

第一，提高学生的体育技战术和理论知识水平，促进学生身心健康全面发展，有效提高学生学习的积极性。

第二，培养学生的体育运动的裁判实践能力，使学生掌握体育制裁的尺度，具备编排和组织竞赛的能力。

第三，培养学生的体育意识和体育行为，使其逐渐养成从事体育运动的习惯，为将来就业和终身体育意识奠定良好的基础。

第四，培养学生养成遵纪守法、关爱他人、团队协作、服从组织、顽强拼搏、勇于创新、乐于助人、团结友爱的优良品质。

第五，培养学生德、智、体、美、劳全面发展的、符合新时代对于体育人才需求的综合性创新人才。

（二）中学体育教学设计的制约性

中学体育教学设计的制约性是从中学体育教学系统的整体功能来分析的。中学体育教学目标是依靠各个层次的教学目标的不断达成而实现的，它又受输入条件的制约。

第一，中学体育教学目标是对体育教学工作规律客观的正确认识，它集中反映了一定社会和一定阶级对人才培养的需求。同时，中学体育教学设计的实施过程又受一定社会经济发展状况的制约。所以，中学体育教学设计应在充分认识体育教学规律的基础上考虑时代的特点，既不能超越社会发展的历史阶段，又要反映当代中学体育发展的总趋势。

第二，中学体育教学是学校体育教学工作的重要组成部分，又是协同学校德育、智育系统，促进学生德、智、体、美、劳全面发展，提高人才质量培养的重要因素。中学体育教学设计的实现是为了更好地完成学校教学的各项目标，中学体育工作目标的实现又为学校教育目标服务，它是上下从属、递进的关系。因此，学校教育系统制约着学校体育系统，学校体育系统又制约着体育教学系统，体育教学系统又制约着中学体育教学系统，而学校教育系统的整体功能又大于各组成部分系统功能之和。

第三，中学体育教学目标设计是在一定条件下，教师和学生经过一定时间的努力所要达到的基本目标。所以，中学体育教学目标设计还受师资的数量和质量、地区和季节的气候特点、体育场馆和器材、中学体育教学的时数和时间安排等因素的制约，应根据以往的经验和现有的条件，进行可行性分析。

（三）中学体育教学设计的对立统一性

中学体育教学目标设计的对立统一的矛盾是由不同的中学体育教学目标效果的达成需要、不同的条件控制才能实现而引起的。这种对立统一的矛盾突出地表现在中学体育实践教学的教学内容选择、组合和教学时间的分配上。在中学体育实践环节的教学中，都要达成各项体育教学的具体效果目标。各项中学体育教学目标都依照自己的规律，表述各自的个性。因此，在每堂课的教学中，都会出现实现教学目标方面的对立一面，即传播知识与学习技术之间的矛盾、学习某项技术与发展某种身体素质的矛盾、学习体育基础理论知识与发展某种身体素质的矛盾。例如，在一堂课上要实现发展学生身体素质的教学目标，就必须选择和安排大量的素质练习，并给予一定的时间保证。

第一，集体主义观念的提高有利于调动学生的学习积极性和组织纪律性的提高，这样不仅保证了课上正常的教学秩序，而且有助于其他教学目标的实现。

第二，体育理论知识水平的提高有利于提高各种身体练习的质量。体育运动是在一定的理论指导下进行的一种身体练习，锻炼并学习和掌握了科学体育锻炼的理论知识与方法就能顺利地达到体育训练与教学的目标，提高体育教学的效果。

第三，身体机能的改善、素质水平的提高有利于学习和掌握体育理论知识和各项运动技术、技能。体育运动的理论知识和各项协创技术、技能的形成都需要一个良好的身体条件，这是从事任何锻炼的基础，这个基础条件越好，越有助于加速体育理论知识、技术、技能的掌握。

第四，体育运动技术水平的提高有利于增强体质。当学生掌握了完整的体育运动技术时，就能较充分地展示其心智与肌肉之间的协调能力，运动技术水平的提高同样能够提高体育教学的效果，有效地增强学生体质。

体育教学诸多目标设计在对立统一中相互促进，逐步达成。因此，在研究和考查中学体育教学目标时，要抓住同一时间上体育教学目标对立的主要特征，在时间的先后顺序和相辅相成、相互作用的关系中求得统一。

二、促进学生理解的体育教学设计创新

（一）理解的内涵

逆向教学设计框架开发了一个包含六个层面的理解测量维度，用来评价个体的理解情况。这六个层面的理解测量维度如下所述。

1. 解释

通过提供合理及系统化的现象、事实、数据进行归纳总结，能够在事实之间建立有意义的联系，列举说明性的例子。解释维度的理解涉及有关为什么和如何做的知识，学生需要回答的问题包括：为什么会这样，如何解释这些现象，为什么会发生那个事件，如何证明它，这与什么有关，揭示了什么问题，它的工作原理是什么等。

2. 释义

能够提供有意义的诠释、叙述和翻译，对观点和事实能够提供历史角度或者个人角度的看法，能够把理解的对象转化为个人的理解。释义关注的是个人对意义的解读，这个解读往往跟个体经验联系在一起。释义层面的理解关注的问题有：这有什么意义，为什么有意义，这说明什么问题，在人类的知识经验中揭示了什么，与自己有什么联系，对自己来说有什么意义等。

3. 拥有洞察能力

拥有批判性地看待问题的角度，拥有大局观念，洞察要求学生能够自主提出问题，如这个观点是从哪个角度出发的，这个观点背后的立场

是什么，是否有足够证据说明，它适用于什么环境等。

4.移情

拥有从其他人的体验和观点出发看待事物的能力，能够在其他人不曾注意的事物中发现其价值，对已有知识经验可以敏锐地察觉。移情维度的理解包含的问题有：对你来说意味着什么，别人的观点与自己的有何不同，自己需要经历什么才能理解，作者在作品中尝试表达什么思想或情感，作者想让读者进行怎样的思考和认识等。

5.拥有自知

拥有元认知意识，能够意识到个人的学习风格、倾向、偏好、思维习惯等影响理解的因素，意识到自己不理解的有哪些，能够对自我学习的过程进行反思。自知层面的理解包含的问题有：自己通常是从哪些角度出发进行思考，自己的理解有哪些限制，自己尚未意识到的方面有哪些，自己的学习风格与倾向会造成哪些误解等。

（二）教学设计方法——逆向设计法

在理解的六个维度内涵的基础上，逆向教学设计框架倡导一种逆向教学设计方法，即事先计划好学生需要达到的目标（具体的理解维度），再根据目标设计相应的教学评价及学习活动。在围绕理解展开教学的核心思路时，是要千方百计地让学生将他们的理解演示出来。逆向设计的思路是在确定学生需要达到哪些理解目标的前提下，需要进行怎样的设计才能更有效地促进学生表现出他们的理解。逆向设计过程包含三个步骤，即明确预期目标、确定评价准则和设计教学过程。

1.明确预期目标

由于教师往往会有很多内容需要教授，但课堂时间是有限的，因此首先需要考查已有的教材内容及标准，从中分出轻重缓急，明确课程的预期目标。在第一阶段需要考虑的问题包括：哪些内容学生需要知道，哪些内容需要理解，哪些内容需要达到应用的地步，哪些内容值得学生理解，学生需要达到怎样程度的理解等。

2.确定评价准则

在确定理解目标的基础上，教师此时需要作为一个评审员确定理解目标对应的评价准备，这个阶段需要教师思考的问题包括：如何知道学生已经达到了预期程度的理解，学生需要有怎样的表现可以被视为达到了理解的程度等。

3.设计教学过程

在明确理解目标以及评价准备后，教师需要思考支持上述目标及准则的教学活动。在这个阶段，教师需要考虑这些问题：学生需要获取哪些知识（知识、概念、原理）和技能（过程、步骤、策略）才能有效达到上述目标，怎么设计教学活动能让学生掌握这些知识技能，哪些材料、资源能够有效支持这些活动等。

三、多元教学视域下体育教学设计的主要依据和原则

（一）主要依据

1.教育学依据

体育教学内容的学习不仅能够促进学生身体基本能力的发展，还能培养学生的学习兴趣。教育学研究了教育的逻辑层次，指出了教育不同层面上的规律，在规律的基础上阐明了教育过程中的原则、方法和组织形式，给教育工作者提供了理论和方法的依据，同时又阐述了人的身心发展规律对教育的制约性。学生的心理发展正处于认知阶段，对事物的发展有了基本的认知和理解；同时，学生之间喜欢相互交流，在体育学习中通过内容的学习和教学游戏，可以进一步促进学生之间的相互交流，培养学生团结合作的能力，提升学生的责任感以及面对失败时的心态。

2.运动生理学依据

运动生理学是从人体运动的角度研究人体在体育运动的影响下机能活动变化规律的科学。随着社会的不断发展，人们已经意识到身体健康的重要性，为了保持身体健康，人们开始进行体育运动。运动可以提高

人体的摄氧量，对肌肉的发展和骨密度的保持具有积极作用，防止身体疾病的发生。学生的身体还处于不断发育阶段，其心肺能力较弱，软组织较多，骨质较为柔软，不宜进行过大的力量训练，但学生新陈代谢旺盛，恢复能力较强，适应不同内容的学习。因此，要根据学生生理发展水平进行不同内容的教学。

3.系统论依据

系统是相互间具有有机联系的组成部分结合起来的能够完成特定功能的整体，而系统论能够为体育教学设计提供科学的分析方法和整体思想，依据其思想和观点，不仅能够掌控体育教学过程，还可把体育教学设计作为一个系统。同时，系统是有层次的、相对的，在系统确定与层次划分上要根据研究者的需要进行划定。体育教学设计是体育教学系统的一部分，教师要考虑系统层次的划分。首先，要考虑学生和体育教师，因为他们是体育教学的主体与客体，是体育教学的学生与教授者；其次，要考虑在教学过程中使用相应的教学手段和组织形式，它们之间存在一定的联系，彼此之间相互依存、相互制约，是体育教学设计所要考虑的因素，同时也属于系统论的层次划分。

4.传播学依据

传播就是指把信息从一地传递到另一地的过程。传播学依据对体育教学起着至关重要的影响，它揭示了在体育教学过程中各要素存在的动态联系和相互关系，为体育教学设计提供了相应的理论支持，主要表现是体育教师在教授内容时利用语言、动作示范等形式，并结合教学内容、场地和器材让学生进行体育教学内容的学习，促进学生运动技能的学习和锻炼习惯的养成，从而达到学生身心健康发展的目标。

（二）基本原则

1.目标性导向原则

目标性导向原则要求在进行体育教学设计时要紧扣体育教学目标，在体育教学的各环节中都要以教学目标为导向，体育教学设计方案的实施要与目标保持高度一致，为实现教学目标而服务。因此，体育教学设计的各个环节和步骤都要保持与教学目标的一致性，确保教学目标得以实现，发挥教学目标的作用，并检验其对学生自身能力、健康、社会适应性是否发生转移，从而保障教学目标的实现。

2.整体优化原则

体育教学设计要具有整体优化性。整体优化是对体育教学中各因素进行优化设计，并在此基础上平衡好体育教学系统内部之间的关系。体育教学设计要充分考虑教学过程中的因素，认真分析教学场地、学生人数与教学手段对体育教学设计的作用和影响，处理好各因素之间的关系，做到协调一致，充分发挥体育教学设计的作用，从而提高体育教学的效果，最终促进体育课堂的顺利开展。

3.程序性原则

在进行体育教学设计时，必须依据学生身心发展的状态，遵循体育学习的规律，对体育教学内容进行合理的编排和选用恰当的教学手段，便于体育教学过程中的操作与学习。同时，体育教学内容要对学生的认知能力、动作技能的发展、健康状况以及身体素质有着充分的认知，进而有利于体育教学内容的进一步转化，对学生的学习、动作技能的发展、社会适应能力的提升起到良好的促进作用。

4.可操作性原则

可操作性是体育教学设计的实施阶段，也是体育教学所要达到的最终目的。教学设计的内容要结合学生的特点，让教学设计具有可操作性，还要提高教学的效率。同时，还要注意教学内容操作的难易程度，对于不符合现阶段的教学内容要进行修正。

5.灵活性原则

灵活性是体育教学设计参考的重要原则，在进行体育教学设计时要根据当前的教学场地、教学环境、教学器材、不同的教学内容以及学生当前的身心发展水平进行设计，而体育教学设计正是依据灵活性的原则进行体育教学的设计，在教学过程中通过灵活多变的组织形式和教学方法完成体育教学的学习，提高体育课的教学效率。

6.创新性原则

创新性是体育教学设计的重要表现。创新性是指对传统、常规与秩序的超越和发展，在体育教学设计中对教学内容、教学方法和组织形式等内容的创新，对传统的体育教学有所创新和突破。体育教学设计正是结合创新性的原则，区别于传统体育教学的内容、组织形式和教学方法，以其独特的优势促进体育教学的发展，提高学生的身体素质。

四、多元视域下中学体育教学设计创新的策略

中学体育教学设计创新的策略是指为实现中学体育教学设计创新，在理论和实践两个层面所采取的计划和行动。通过对中学体育教学设计进行反思，在科学教育发展观的指导下，依据上述提出的中学体育教学设计创新的原则，联系教学设计的实践主体，可以提出生态化策略；从教学设计的构建和实施出发，可以提出师生共创策略、整体呈现策略和过程生成策略；根据教学设计的内涵，可以提出多元评价策略。

（一）生本化策略

生本化策略是指将学生的全面发展作为中学体育教学的根本任务，这是目前中学体育教育课程改革的中心环节。在教学活动中，生本化策略强调将学生作为教学过程的主体，教师的教要始终把满足学生的实际需求和人才培养需求作为中学体育教学的前提，真正把课堂还给学生。体育教师在教学过程中要集思广益，多创设教学情境，让学生积极地参与体育教学情境，鼓励学生进行合作交流，对教学内容、方法要有怀疑、探究和发现的精神，让学生成为中学体育教学课程的真正主人。中学体育教学要发展、要创新，就必须坚持以学生的发展为本的理念，以提高学生的创新精神、实践能力等综合素质为重任。因为学生也是中学体育教学设计的实践主体，学生通过中学体育教学课程得到全面发展是教学的最终目标。

以学生发展为本在中学体育教学活动中充分体现了学生的主体地位。中学体育教学中，学生主体作用的发挥主要是通过学生的广泛参与

实现的。因此，体育教师在授课前，必须对教学活动进行精心设计，设计出适合学生实际情况的教学方法和教学内容。首先，作为体育教师，应该确定最为合理的教学形式，从学生"学"的角度精心设计教学。其次，把体育课堂时间和空间民主地还给学生。中学体育的教学设计要始终将学生的地位上升到教学主体的位置，给予学生时间和空间上的自由，激发所有学生进行体育教学活动的积极性。这种创新的体育教学设计充分体现了以学生为中心的教学活动，体育教师的角色及其所起的作用也应该随着学生活动的变化而不断变化。例如，在体育课前准备活动中，体育教师首先应对学生做好示范并进行适当的引导，学生进行活动时要不停地巡视，对学习有困难的学生给予适当的帮助；准备活动之后还需要体育教师检查学生活动的完成情况，并总结教学过程中学生主要出现的问题并及时予以纠正和解答，充分体现体育教师所起到的主导作用和以学生为主体的作用。

以学生为本的教学，要想实现学生的充分发展，必须激发学生的主体情感，营造主体发展氛围。首先，体育教师要尊重学生的情感，在教学活动中不断更换教学情境，给学生创造一个快乐、轻松的体育氛围，让学生在体育课上产生积极的情感体验。因此，从授课程序角度来讲，体育教师是学生在课堂学习中情绪的主导者，好的体育氛围就需要教师在体育上保持积极向上的心情影响学生。其次，体育教师应积极拉近与学生的距离，尊重学生并给予学生一个"放得开"的学习氛围。此外，在体育学习过程中，教师要对学生的一些进步及时进行表扬，不断地进行鼓励式教育，使学生在成功的体验中增加学习的动力，同时也增强了学生自身的学习自信心，使得学生在内心认可体育教师的教学活动。

中学体育的教学设计同样也应该在遵循以学生的全面发展为本的前提下，注重学生的各种创新能力和创新精神的提高。在具体的体育教学过程中，在创新型的体育教学设计指引下，体育教师应根据学生在课堂中的表现有的放矢地进行掌控，这样既能对学生做到严加管理，又能够放开手脚让学生自主地对体育教学进行探索研究，让他们养成发现问题并解决问题的良好习惯，同时要鼓励学生敢于利用自己独特的思想面对棘手的问题，这对于学生创新性思维的培养与提高有着积极的促进作用。

生本化策略是教学设计创新的重点策略，只有明确了以学生为本，不管是在教学设计的内容确定上，还是在教学设计的制定过程中，或者是在教学设计的实施过程中都坚持以学生为本，才能保证体育教学顺利地进行，才能保证教师教的有效性，确信教学设计内化为学生的学习目标，促使学生将学习看成自己的事情，把学习当作自己的乐趣。

（二）师生共创策略

在体育教学改革进行得如火如荼之际，无论是体育教师还是学生，都应该清楚地认识到自身所扮演的角色，不断更新传统的角色认知。体育教师应该逐渐由教学的主导者转换为学生学习的引导者，由单一的理论知识、技能的传授者转变为学生学习的参与者和促进者；学生由传统的被动地接受知识转变为主动地参与教学并创新教学。中学体育教学活动的每一个环节实质上都应是体育教师和学生的协作过程，是由师生共同参与、共同完成的。

中学体育教学设计的确定需要改变传统意义上的教师按照规定的体育教学大纲独自决定的局面，需要让学生更多地参与进来，并充实教学设计。让学生参与教学设计的确定能在一定程度上增加学生想要学习和仍需巩固的教学内容，让学生在思想上感觉其受到了重视，增强学生的主人翁意识。

（三）整体呈现策略

中学体育教学设计要想实现创新，要想提高教学质量，就要让学生时刻清楚自己要学习什么，从整体上认识学习的目标。这样，一方面让学生对将要学习的内容预先有个整体把握，能够有准备地接受教学并且按照实际的教学内容选择适合自己的学习方法，并且清楚如何发现问题并解决问题。另一方面，教学设计对学生要有较强的指向作用和激励作用，学生明确了学习目标，学习的动力就能够提上来，目标的达成率也就能够相应提高。

　　针对不同层次的中学体育教学设计的整体呈现，可采取不同的呈现方式。中学体育总目标的呈现时间一般是在开学之初，学校教务处或体育教师可以采取将教学设计绘制成一些一目了然的趣味图的形式展示给学生，让学生全面系统地认识并了解本课程特点、框架和整体结构，能够清楚地了解本课程将要学习的内容，会提高学生哪一方面的能力等。单元目标主要呈现于一个单元讲授之前，由体育教师以单元目标图的形式传达给学生，让学生有所准备。课时的目标是一节中学体育的具体目标，它的呈现方式具有多样性，可以在上课之前给出特定的教学设计，让学生在总体上明确学习的方向。当然，体育教师也可以在教学结束时或者在总结教学任务的同时呈现教学设计，让学生学习后自己进行总结。

　　（四）过程生成策略

　　正是由于教学观念的变革，我国体育工作者基于范围宽广的教育实验研究，对中学体育教学设计价值取向的问题从不同的角度进行了积极有效的探索和研究，从而逐渐转变成以"双基"为基础的重视生活经验、重视创新思维能力培养、重视情感升华的多元化中学体育教学设计价值取向。从强调技战术到关注学生的知、情、意、行的转变，可以看出体育工作者对于学生全面发展所做的巨大贡献。正是体育教学价值取向的多元化，形成了目前体育教学教与学活动的多样性、丰富性。一般来说，"双基"的目标是实在的、能够测量的目标，它符合应试教育的需求，所以长期以来受到高度重视。

　　从不同的呈现方式来看，中学体育教学设计可以细分为表现性目标、展开性目标和行为目标。行为目标是在体育上以体育教师事先规定的行为期望为目标，这种目标方式是理性的目标，是实质性的、可以量化的目标。展开性目标是指体育教师在讲授时，可根据学生的兴趣和实际接收能力，不按事先准备好的教学设计授课。这种方法有利于培养学生解决实际问题的能力，较好地发挥学生的积极性、主动性。表现性目标是指学生参加中学体育教学活动时，经过教学活动的过程体验所得出的结果，是事先不可预知的目标结果，所关注的是学生在体育学习的过程体验中所表现出来的具有创造性和创新性的目标，其可以是能力目标，也可以是技战术目标。这种目标给学生创造了更多探索和发现未知目标的机会，是对传统固定目标的创造性升华。因此，表现性目标和展开性目标都是事前不可预知和判断的，是随着体育教学活动所自然生成的。

可以说，中学体育教学设计已经实现了超越，当然，这也是合理的超越。因为中学体育教学本身含有太多不确定的因素，最主要的变化因素就是人——教学主体（教师和学生）。而要实现学生的全面健康发展，教师和学生这两个因素应该随教学环境、教学内容、教学形式等因素的改变而相互调适，抓住能让学生获得更大发展的每一个机会。

（五）多元评价策略

中学体育教学评价是对中学体育教学质量提升的一个重要环节，是验证教学设计实现与否的直接手段。中学体育教学设计要想创新、实现跨越式的发展，就必须采取科学有效的教学评价体系；要转变思想，改变从原有的过分关注体育知识和技能传授的单一的教学设计价值取向，让学生由被动学习逐渐过渡为主动积极地探索学习，把学生培养成既感性又理性的复合型高级人才，实现具有完整人格的创新专业型人才培养目标，实现对学生的知识、能力、情感的评价，进而最终实现学生的全面发展。

注重对知识的客观评价，关注学生在中学体育教学大纲规定的学习时间内，对所学内容的掌握程度以及对所学内容运用的水平。认知性目标是对传统体育的深层认识以及重新定位。创新型的体育教学认知性目标不仅是单纯地强调学生对知识的接受和掌握程度，而且更加强调学生在学习的过程中对陈述性知识、程序性知识以及策略性知识的掌握程度。学生既要"学会"，更要"会学"，掌握一种科学的学习方法才是最重要的。注重情感价值观的评价强调重视学生的知识、技能、能力发展的同时，把注意力集中在培养学生良好的思想品质、健康的心态以及正确的世界观、人生观、价值观，是注重学生全面发展的风向标。因此，中学体育教学设计要改革、要发展，就要从根本上转变思想，转变目标。在学生的兴趣、情感、动机、态度、认知和价值观上多下功夫，努力开创情境式教育模式，有意识地培养情感价值观，实现学生身心的和谐、健康发展。

当然，中学体育教学设计是多种目标之间相互影响、相互作用、相互促进又相互制约的，这些目标始终渗透在整个中学体育教学过程之中。因此，体育教师应该重视体育技战术知识提高学生能力，注重学生理论知识和学生品德的提高、认知水平的提高以及意志力等培养。以上认知目标、教育目标和发展性目标，无论是哪个阶段，都对于学生德、智、体、美、劳全面发展有着非常重要的意义。所以说，中学体育的教学设计要想实现真正的创新，就必须兼顾认知目标、教育目标和发展性目标，三者缺一不可。

五、体育多元教学设计的反思与提升

（一）教学行政部门的重视

学校体育教学是一门综合性很强的学科。经过新课程改革后，需要大量的相关知识，这就要求教师不断地去搜集、整理，补充这些知识。所以，多元教学法的优点就逐渐体现出来了，它可以将较为零碎的知识点很好地连接起来，使其形成一个完整的体系。

学校是与学生直接接触的机构，也是最终具体实施新的教学方法的地方。要想学生获得的知识更系统、更具体，就需要学校设计一个教学平台，这个平台不仅要方便，还要系统。因此，以教育部为首的领导机构不仅应加强这类平台的建设，与教育部建立的平台完成无缝对接，还应加强不同学校之间的联系，加强他们的交流；整理分析各学校的多元教学设计，然后针对这些教学设计进行细致的研究，用以增加多元教学法教学的质量，提升教学效果。学校可以整理分析学生不理解的知识点，对于不会的问题，大家共同商讨并解决，这样不仅可以帮助教师设计教学内容，使其质量得到提升，还可以提高教师自身的教学研究水平。教育部可以整理区分各个地区的教学设计，挑选出质量较高，品质优秀的教学方案，然后将其制作成一个完整的知识体系，上传到覆盖范围较广的平台上，同时对评价最高的多元教学法给予一定的鼓励，并宣传学习。

（二）提高教师对多元教学法的认识

在信息迅速发展的今天，多元教学法可以为人们提供便利，满足不同的需求，实现人们学习的移动化、碎片化和个性化，从而使自身的知识不断地更新扩充。由此可知，多元教学法是一项可持续发展的教育战略，这就要求各方要从始至终地加大投入，引入社会资源，加强多元教学法的宣传力度，让更多的参与者真正地了解多元教学法、使用多元教学法。

此外，也要明确多元教学法开发的目的，多元教学法最根本的目的是方便教学，因此在多元教学法的设计过程中，其内容的设计制作都应围绕着这个目的进行，并且应该遵循教育的本质特性，由易到难、循序渐进。

（三）扩宽多元教学法学习的渠道

当代学生正处在青春期的发育阶段，其思想活跃，精力充沛，对生活充满了希望与热情，追求新意是他们的共同特性，特别是在学习方面，他们也有着求新的愿望和诉求，都有着更高的要求。所以，要结合当代学生的这类特点，在教学中注重他们对新鲜感的要求，培养学生的自主学习能力；创新情境，激发学生使用多元教学法的学习兴趣；自然生动地导入新课，抓住学生的注意力；关注需求，总结教学资源，利用教材进行设计，制定简约的教学目标和教学内容，在了解学生学习的知识基础、情感兴趣、心理状态等情况下确定设计制作的内容，从而提高学生学习的主动性。

第四节　互联网背景下的中学体育教学模式应用

一、互联网背景下新型课堂的特点和教学价值

（一）理论分析

网络信息工具的变革必定带来教育的变革，互联网技术在学校教学中已经得到了较大程度的普及，在体育教学中不少体育教师大胆进行了以网络教学为主的新型体育课堂教学尝试，取得了很好的效果。互联网背景下的新型体育课堂与传统体育课堂相比，在培育学生体育核心素养方面具有更明显的优势，主要体现为以下几个方面。

1.构建互联网背景下新型体育课堂有利于激发学生的学习兴趣

"兴趣是最好的老师"，构建互联网背景下的新型体育课堂是学生主动学习、积极思考、探索知识的内存动力。恰当地利用现代信息技术创设与教学内容相吻合的教学情境，使学生身临其境，在特定的情境中更能产生浓厚的兴趣和求知欲望，有效提高学生的愉快情绪和坚强的意志品质，这样对教学更起作用。教学中，利用其形象、直观、生动、图文并茂、色彩艳丽的鲜明特征，提供新颖性、奇特性、趣味性、针对性的教材，刺激学生的多种感官，更能吸引学生的注意力，激发学生的兴趣，调动学生学习的积极性。如利用多媒体技术在大屏幕上展现出袋鼠、青蛙等动物跳跃以及森林运动会的场景，学生的学习积极性会在不知不觉中被调动起来。如在教学过程中播放诸如篮球、足球明星的精彩视频，给学生一种美的享受，从而激发学生的学习动机，进而达到事半功倍的效果。

2.构建互联网背景下新型体育课堂有利于学生自主纠正错误动作

利用信息技术，体育教师在课前可以准备一些以往教学中学生易犯的、典型的错误动作资料，教学时选择合适的时机，在学生掌握技术的

分化阶段及时展示错误动作，强化正确技术动作，引导学生根据自己的实际学习情况自觉纠正错误。教学中，教师可以把学生练习动作的过程拍摄下来，上课时让学生观看，并与学生一起分析比较，提出问题，解答问题，可以促进学生分析解决问题的能力。例如，把多个学生做韵律操的动作录制在一起，并观看正确的韵律操动作，通过正常放映、慢放、定格放等，请学生说出错误的动作，并指出错在什么地方，应该怎样做。学生自己分析对比，再到场地上进行练习，一定比教师手把手教更有效。

3. 构建互联网背景下新型体育课堂有利于在感知过程中突破难点

利用计算机模拟自然、社会的规律和现象进行体育教学活动，特别适用于常规教学方法难于实现或控制的微观过程、环境复杂的动态过程、抽象概念或过程的视觉化等。它将教学内容中抽象的概念具体化、静态的画面活动化，使学生能更形象、更生动、更易理解地进行学习。如在教蹲踞式跳远时，可利用多媒体优势将正确的示范动作在大屏幕上反复播放，让学生感知；也可将多种错误动作演示出来，引导学生进行正误动作的对比；还可以用慢动作或定格技术细致地演示蹲踞式跳远的各个环节，使学生对动作环节一清二楚的同时，很快建立清晰的动作表象，教学的难点也就迎刃而解了。

（二）实践分析

如何充分发挥互联网背景下新型体育课堂的优势，促进学生体育核心素养的发展？笔者根据体育教师的实践与总结，特提出几个方面建议。

1. 利用互联网背景构建师生学习交流平台

互联网是世界上最大的知识库、资源库，学生在互联网上可以收集和检索到自己所需要的知识和信息，可最大限度地发挥学习的主动性、积极性，培养自主学习、探究学习的能力。互联网既是教师传授体育与健康基础知识的讲台，又是学生与教师交流、反馈学习情况的平台。在体育教学中有很多腾空、高速、翻转的技术动作，学生很难把这些瞬间完成的动作看清楚，也就很难快速建立一个完整的动作表象。此时，作为体育教师仅靠教材进行教学是不够的，需要教师适时地通过互联网查阅相关资料文献，然后对网上所收集到的文字、声像素材应用多媒体技术进行动画处理，再运用相关软件制成教学课件，以其鲜明的图像、生动的画面、灵活多变的动画及音乐效果优化教学过程，使教学更行之有效。教学中，把教师自己很难示范清楚的技术环节用动画或影像表现出来或把空中动作停下来示范给学生看，可以有效帮助学生看清每个动作技术细节，更快地建立动作表象。这样的教学既解决了教学中的重、难点，又加深了学生对动作的理解，缩短了泛化过程，对帮助学生快速掌握学习内容、提高教学效果是非常有益的。同时，当学生看到优秀运动员完美的动作时，很大程度上激起了学习的热情，可以收到事半功倍的效果。可见，利用互联网辅助教学解决了长期困扰体育教师的一个难题。

2.利用互联网培养学生自主学练的能力

把互联网技术引入体育课堂，将突破单一的师讲生练的教学模式，构建学生自主学习、探究学习的教学环境，使互联网真正成为学生自主认知和探究的手段以及解决问题的工具。如在技巧课的教学设计中，准备部分体育教师可用投影仪和录像机将学生的动作投在墙面上，学生在练习时可以清楚地看到自己动作的速率、幅度以及准确性。体育教师利用网络及时将练习效果反馈给学生，调动了学生练习的兴趣，增强了练习的效果。在基本部分，体育教师将学生上节课所练动作录制下来，同时将优秀运动员、教师的示范和要领下载、录制到笔记本电脑上，学生在练习过程中可以根据自己掌握动作的情况，自主地到电脑前查看自己、他人的动作，并根据动作要领和提示改进练习方法，进行个别练习，达到巩固提高的目的。因此，互联网背景下的新型课堂将有助于学生的自主学习，学生可从自己的需要出发，利用互联网搜索查阅相关动作技术，最终实现学练结合。这样的教学既培养了学生学练的自主意识和能力，又培养了他们利用计算机学习的自主意识和能力，同时进一步优化了教学过程，提高了课堂教学效率。

3.利用互联网培养学生的综合应用能力

互联网进入课堂，为学生构建了宽松、和谐、自主的学习空间和氛围，使学生可以充分发挥学习的积极性和主动性，其学习活动具有一定的选择性。课堂学习中可以通过上网查找资料、合作学习、探究发现等方式完成自己或小组的学习任务，有助于培养学生收集信息和处理信息的能力。而学习材料的丰富性和交互性有助于自我指导，从而实现知识内容和结构的不断丰富。

4.利用互联网促进学生身心的全面发展

"体育与健康"课程的教学目标之一是培养学生自主锻炼、自我调控、自我评价的能力，因此只依靠课堂教学很难将繁多的健康、营养、健身知识传授给学生。教师通过建立教学内容资料库和网站，供学生课外学习使用，为学生提供了动态、开放、丰富的学习资源，拓宽了学生学习体育与健康的渠道，使课堂教学得到延伸，与课外体育、家庭体育和社会体育有机结合，促进学生个体的可持续发展。由此可见，互联网背景下的新型课堂不仅能培养学生对体育的兴趣和爱好，而且能使学生逐步认识到体育锻炼的价值，对个体终身发展具有重要的意义，为学生建立终身进行体育锻炼的意识奠定良好的基础。例如，在健美操课的设计中，教师把学生分成四组，课前通过指导学生利用互联网及图书查找有关健美操编排的理论依据和人体的运动规律，让学生搜集各种健美操的录像带、光盘及录音带等，让学生自己学习创编，两周后学生以小组为单位分别展示各自创编的活力操、健美操、模仿操等。课上，各小组相互学习；课下，学生一起进行切磋练习，掌握了体育学习的方法，充分发挥了主观能动性，提高了自主学习的能力和搜集信息、整理资料的能力。可见，把互联网技术引入课堂教学能将课内、课外体育学习有机结合起来，有利于落实"健康第一"的指导思想，促进学生的身心全面和谐发展。

5.利用互联网促进学生知识面的拓展与丰富

在进行学生比较感兴趣的球类教学时，可以将比较热门的篮球重大赛事运用多媒体将一些经典进球、关键性比赛记录下来，以供学生课上欣赏，满足学生的求知欲。为进一步激发兴趣、拓展学生的球类知识，可以通过多媒体展示和教师的讲解，加深学生对球类裁判法的了解，还可以利用互联网技术模拟裁判将球类的比赛场面展现出来，让学生自己做裁判，利用键盘对画面中出现的犯规情况进行裁决，在规定的时间内对裁判员的水平进行打分。这样的学习不仅更能让学生接受，也大大丰富和拓展了学生的知识面。运用多媒体课件，把一些健康教育知识用Flash动画的形式有趣地展现出来，使学生易于接受，同时能大量地介绍更多的知识，更系统地用图表形式表现，节省了时间，提高了课堂效率。

6.利用互联网实现学习时间、空间的延展

体育教学的最终目标是培养人的终身体育锻炼能力。学生的体育能力锻炼一般分为课上与课余两部分，课上主要偏向学习体育技能、知识、方法，课余则主要偏向学生自我锻炼技能。网络不发达时，教材和教师是教学内容的唯一来源，学生只能通过课堂上体育教师的技能教学学习技术动作，而现在网络延拓了教学的时空，飞跃了课堂的围墙，使学生的学习不仅可以在课堂内进行，还可以在课堂以外的任何一个地方进行。多媒体网络集图、文、声、像于一身的技术特点使体育教学的内容更为直观，易吸引学生对运动技术的兴趣，网络宽广的信息源给学生提供了获取各方面体育知识的广泛途径。可见，互联网背景下的新型课堂给学生创造了一个自由学习的空间，学生可以在网上对自己不易掌握的动作技术进行反复的浏览与对照学习；可以根据自己对体育的理解和相关的体育知识经验重组或建构新的知识；可以根据自己的身体基础、掌握动作技术的速度自定学习步骤，主动参与网上的讨论和实验，提出自己的看法与建议，满足了学生个性化的学习需要。从某种层面来看，这样的教学方式极大增强了体育教学的个性色彩，使每个个体在学习时空、内容、方式、数量等方面的自主权增大，如此，体育课堂的教育价值才能真正得以发挥。

7. 利用互联网实现评价方式的延展，促进深度学习

评价不仅仅是激励、检测学生的一种重要手段，更是培育学生理性思维、批判质疑、善于反思、促进理解等核心素养的重要途径。多媒体具有双向交流的反馈功能。所谓反馈，是指控制系统把输出信息的结果返回传入以影响信息再输出所起的调节控制作用。在实践课的教学中，利用摄像机与投影大屏幕连接，可以把学生练习时出现的正确与错误动作实录下来，通过计算机及时反映在大屏幕上，便于学生自己做正误对比，发现和纠正不足；利用运动手环等可以监控自己的运动负荷，调控自己的运动量。

二、建构互联网背景下新型课堂的基本要求

（一）理论精要

互联网背景下的新型体育课堂教学方式明显区别于传统课堂，从效果来看也有许多明显优势。

1. 有别于传统课堂中的信息技术辅助教学

互联网背景下的新型体育课堂首先需要架构云教育环境。新型体育课堂教学中，师生需要通过无线网络与无线投屏技术将数十台智能终端互联互通，实现教室内师生、生生之间的多元同时互动；需要借助各种合适的 App、教学应用平台、公共网络资源等，实现学习资源与学习成果的搜集、整理、展示、分享、互动评价等教学活动；由于学校教育延伸的需要，家庭智能环境也成为云教育环境的一个组成部分，也要有相应的建设；从云教育实施的稳定性、安全性等角度考虑，云教育环境还需要有系统的云平台做支撑，至少包括数据处理、云服务和管理三个子平台。云平台应该具有强大的数据处理能力，模块化、插件化，提供一站式电子教育平台集中管理服务，为运行提供强有力的保障。

2.理念是行动的先导

正确对待互联网时代的到来，首先需要通过各种培训转变体育教育的理念，让改变成为体育教师的专业发展需要；同时体育教师还要加强对自身教育素质的培养，在网络时代下，体育教师除了运动技术、运动能力上有所专长外，还应具备运用现代教育技术的能力。体育教师不仅仅是"复合型"人才，更应成为能够掌握和应用现代技术的"综合型"人才。

构建互联网背景下新型体育课堂还有许多细节需要关注，硬件建设方面，一定要基于学校实际，多方考证，选择合适的服务商，用无缝漫游的方式架构起便捷流畅的无线网络，需要有比较强大、稳定的服务商提供后台支撑，需要多方比较、选择、推荐适合本校师生使用的智能终端。

（二）实践指南

实践操作中，构建互联网背景下的新型体育课堂要重点做好三个方面的工作。

1."软硬兼施"，架构互联网基础环境

互联网背景下的体育课堂必须建立基于必备且充分的硬件基础。一般地，要实现真正意义上的云教育环境，学校和家庭都要有无线网络，学校建有智慧教室，拥有合适的智慧课堂平台，学生要配备智能终端，有较高的上机率。

第一，网络环境的改善。学校体育网络教学环境的建立可使学校体育教学跨入信息高速公路，从而使体育教师和学生获取大量的体育教育信息，使学校体育教育进入新的层面。今后体育教育工作者在注重有关计算机配置的完善、机种更新的同时，更要注重与教育信息内容所对应的信息通信网络的完善及学习体育相关软件的运用。

第二，重视体育教育网络建设的开展。有条件的学校应建立自己的体育教育网，条件暂不具备的学校也应考虑在其他网站设立自己的体育教育主页，在网站或网页的栏目设置方面应尽可能丰富多彩。在体育教

育网络的开展方面，应重视网上体育教学课、在线辅导与咨询、在线交流与讨论以及体育知识的宣传与普及等多种形式的整体配合。学校应利用网络组织开展体育教育的师资培训与辅导，重视体育教育网络知识与信息资源的开发、利用和再生，努力实现全国性、省市级和校级各级体育教育专业网站之间的连接以及各网站或主页之间的互联。

第三，加大硬件设备的投入，拥有合适的智慧课堂平台。智能终端在无线网络环境下开放度大，一些公共网络平台方便学生交流分享，为新型课堂教学提供不少便利。

2.教师培训，提升专业与综合水平

互联网是一种形式新颖的现代高科技产品，只有对计算机和网络知识比较熟悉，能自由地进行网上的各种操作，才能利用电脑实现人与机、人与人之间的沟通。体育教师是学习的设计者、组织者、合作者、帮助者，是真正能实现课堂转型的实践者、研究者、推进者。建构互联网背景下的新型体育课堂，需要体育教师具备较高的信息化能力素质，对网络文化有一定的了解，只有这样，体育教师才能给学生提供恰当的学习资源，引导学生寻求最适于自己的帮助。因此，建议教育主管部门或学校应加强体育教师网络信息化能力的培训和指导，体育教师也应不断更新自身的知识结构，努力提高现代化教育技术素质。

3.家校合力，正确对待和把握互联网信息

互联网的快速发展使得人们接收消息、传播消息更加快捷，让人们进入了一个信息化时代。目前，互联网已经逐渐成为人们获取信息的一个重要渠道、捕获重要信息的一个重要来源。在对学生进行体育教学的时候，教师应注重引导学生正确使用互联网，同时争取家长支持开展互联网背景下的新型体育课堂建设，监督指导学生正确利用互联网进行校外自我体育学习，与学校形成合力，引领学生形成面向未来的体育核心素养。

硬件环境、教师提升、家校合力，这三个方面的工作都是非常必要的，无论哪个环节都对互联网背景下的新型体育课堂建构的开展具有重要意义。

三、互联网背景下新型课堂的设计

互联网背景下的新型体育课堂是依据建构主义理论，运用互联网的思维方式物联网、大数据、云计算等新一代信息技术构建的，支持课前、课中、课后全过程应用的智能、高效的课堂。智慧课堂的核心是开发利用各种新媒体、新技术，创设有利于协作探究和意义建构、富有智慧的学习环境，提高教学过程中的数据分析、评价反馈、交流互动和资源推送能力，通过智慧的教与学，促进全体学生实现符合个性化成长规律的智慧发展。

作为教学前的一种有目的有计划的预设，互联网背景下的新型体育课堂教学设计应该遵循传统课堂设计的一般原则与步骤。在此基础上，新型体育课堂的设计需要考虑技术与教学的融合创新及应用上的独到之处，考虑学生在相应技术方面的掌握水平如何，考虑技术与该教学内容的结合是否恰当等。因此，互联网背景下的新型体育课堂教学设计要体现这几个方面的优势。

（一）设计的针对性与实效性

互联网背景下的新型体育课堂有学校云平台支撑，教师可以很方便地根据教学需要把零散分布在不同影视、录像、VCD 及网上的视频、音频、图片等素材采集起来，再把它们合理加入课件中，应用于体育教学中。学生在自学或教师在课堂中可暂停、慢放或多次播放所需影音材料，或加以文字说明，与视频画面同步运行，形成动静结合、多位一体的大容量教学内容，达到视听结合，直观形象，便于观察和模仿的目的，突出针对性与实效性。

（二）具有丰富的表现力

相对教师语言和传统直观教具来说，互联网技术具有丰富的表现力。它集文本、图形、图像、动画、声音和视频等各种媒体信息于一体，以内容生动、图像逼真、声音动听的形式展现出来，促使学生综合利用视觉、听觉、言语动觉等多种分析器官进行学习，从而加深对知识的理解和记忆，提高学习效率。

（三）交互双向性与互动性

互联网背景下的新型体育课堂中，交流互动更加生动灵活。教师与学生之间，学生与学生之间，师生与网络之间的信息沟通和交流方式多元化，除了在课堂内进行互动外，还可以借助云端平台进行课外的交流，在任何时间、任何地点进行信息交流和互动，实现师生、生生之间全时空的持续沟通。这种互动交流方式不仅提高了学习效率和教育效果，而且在不同程度上有助于学生合作精神的培养。

（四）评价更及时

互联网背景下的新型体育课堂能即时获得各种学习数据，迅捷生成各种资源，因而可以采取动态伴随式学习诊断分析及评价信息反馈，贯穿课堂教学全过程，从而重构形成性课堂教学评价体系。因此，新型体育课堂教学设计时要充分考虑教学各环节中使用哪些 App 有助于评价的多元、及时实施，促进学生自我管理，更好地学会学习。例如，把所有学生的运动技术录像或图片和优秀运动员的技术录像或图片放在一起对照分析，找出学生技术动作的差距和不足，帮助学生改进动作。

（五）学习更个性

互联网背景下的新型体育课堂为学生提供了形式多样的媒体资源，包括微视频、电子文档、图片、语音、网页等极为丰富的学习资源，而且可以根据学生的个性化特点和差异，智能化地推送针对性的学习资料，满足学生富有个性的学习需要，帮助学生固强补弱，提高学习效果。因此，新型体育课堂教学设计中不需要教师费力搜集各种资料提供给学生，而是需要重视"信息在哪里""怎样能获得资源""怎样辨识适合自己的信息"等策略的指导，需要教师关注学生体育核心素养的培育。

（六）彰显德育美育价值

把世界优秀运动员的规范技术介绍给学生，让学生通过欣赏建立正确完整的技术概念。另外，网络资源丰富多彩，选择适合学生年龄特征的体育赛事，让时代与体育的发展与课堂紧密联系，让激烈的体育赛事引起并保持学生的注意力和兴趣，让学生直观感受体育带来的健康之美、运动之美、拼搏之美、团结之美、爱国之美。可以有效激发学生的学习热情，调动学习的积极性，提高学习效率。

第七章 中学体育游戏教学改革创新

第一节 中学体育游戏创编的理论基础

一、中学生身心发展特征

中学阶段是人身体发育的第二高峰期，表现在身体形态剧变、生理机能增强等，男女生的个体差异也会出现，男生肌肉力量强于女生，但比起成人来更容易疲劳，不能适应长期紧张状态。中学生在心理上的变化是具有自主权，开始形成自己的世界观、人生观和价值观，并有一定的叛逆性，对于团队的依赖性增强。

因此，体育教师在创编体育游戏时要考虑中学生的身心发展特征，学生不宜进行大强度的力量练习，运动负荷要适宜；由于其对色彩敏感，所以在创编游戏时注重对器材颜色的选择；模仿性强可以多使用模仿法和情境法创编游戏，在练习时要注意形式多样，经常变换的内容、方法和手段。体育教师在创编中学生的体育游戏时要加强规则的制定，明确胜负，多组织团队性的游戏，也可让学生对创编的游戏进行改变使其成为新的游戏。

二、体育游戏创编的原则与方法

（一）体育游戏创编的原则

1.趣味性原则

体育游戏以游戏为基础，趣味性是游戏的本质特征，有趣的游戏能使人在精神上得到快乐，能吸引不同对象主动参加。在游戏过程中，体育游戏指导员与游戏的参与者具有相同的目的，即娱乐身心和自我放松。为了提高游戏的趣味性，在游戏创编中应加入多种器械，在制定判定胜负的方法时要公平公正，并让学生遵守规则，体验游戏的成功与失败，激发其参与的积极性。

2.目的性原则

体育游戏除了趣味性以外，还应有目的性。创编体育游戏时要根据使用的范围对象等确立明确的目的。体育游戏的目的主要是激发学生参与体育游戏的积极性，培养学生参与体育运动的兴趣，以达到提高体育技术技能的目的。教师在创编体育游戏时要根据参加者年龄、性别、身心发展特点创编不同的游戏，并因人而异地确定相应的运动负荷、动作难度和活动方式，根据参加体育游戏的人数、时间、场地、器材等条件确定游戏时间、游戏轮换次数和游戏路线的距离等。

3.教育性原则

体育游戏的教育性原则有助于体育教师培养学生的集体主义精神和良好的体育道德品质。体育游戏是体育教师对学生进行思想教育的一种形式。游戏具有良好的教育功能，也具有双重性。对于游戏指导员而言，它是教育手段中的一种；对学生而言，是学习方式中的一种。体育游戏的教育作用必须与游戏的内容、方法、组织形式等有机结合，融为一体，寓教育于游戏活动之中。

4.安全性原则

进行体育游戏时，体育教师应对体育游戏的整个过程进行"安全检查"。例如，在场地准备时清除有可能造成伤害的障碍物；在守门员游戏中，应对守门员做好保护措施，并要求射门者踢地滚球或低位球；在捡拾器械时要确保周围环境安全；在游戏前进行热身，活动身体各关节；在游戏规则中明确游戏的路线。

5.针对性原则

针对性原则是体育游戏创编的基本原则之一，是指在游戏创编过程中，根据学生的年龄阶段、技术水平、身心发展等条件，选择合适的游戏内容、方法和安排运动负荷。

6. 科学性原则

体育游戏的科学性是指创编的体育游戏能有效地增强学生的体质，提高机体机能，要求体育教师在创编时尊重科学，按照学生身心发展规律，从实际出发、注意难易程度，在练习中合理地安排练习密度和运动负荷。创编的体育游戏规则简单，不受场地、人数、时间、器材等限制，可有效开展全民健身和体育训练。创编的体育游戏符合中学阶段的所有学生参与，在游戏中公平公正地对待每一位参与游戏的学生。在所创编的体育游戏后都附有教学提示，参与游戏的学生可根据实际情况，如年龄、场地、器械等条件的影响对游戏进行变化，让同一个游戏可在不同的场地、不同年龄阶段的学生使用。

（二）体育游戏创编的方法

1. 程序法

程序法是按照一定的逻辑程序、普通的模板进行编写的，是最基础的创编方法。例如，技术类游戏"你攻我守"，为了让学生在游戏过程中了解守门员的基本技术，并在游戏中尝试使用守门员基本技术，体育教师可以在创编中单独针对这一个技术动作进行创编，以比赛的形式让学生体会守门成功或失败的兴奋感或挫败感，锻炼其心理承受能力。

2. 移植法

将游戏创编准备阶段收集的素材进行分类，可分为内容、组织形式、游戏方法、游戏规则等板块，选择合适的东西进行移植改造，发散思维，不断尝试，使创编的新游戏除了具有新颖性外，也要合理科学，符合体育运动发展的需要。例如，体育的传球技术动作可以移植传球技术，以保龄球运动的方式表现出来，创编"足式保龄球"的游戏。通过模拟保龄球的游戏激发学生对体育的兴趣，让学生体会体育传球技术的动作要领。为了公平起见，可以规定统一用脚内侧踢地滚球技术，也可根据学生的实际情况进行调整，从而提高传球的准确性与学生参与体育运动的积极性。该游戏根据保龄球的运动场地进行布置，球瓶可以用标志桶或矿泉水瓶代替，也可根据实际情况调整球瓶的数量与距离、起点与球瓶之间的距离等，使游戏的科学性原则得到充分体现。

3.变化法

在创编体育游戏的过程中，众多的体育游戏值得借鉴，可选择易于变化的游戏创编出新的游戏，如大家熟悉的"打沙包""丢手绢"等游戏，也可融入体育的元素进行创编。

根据"打沙包"游戏的特点，稍加变化，可以创编出体育游戏"躲避球"，首先，沙包拿在手里具有较大的可控性，而球是在脚上，所以可以对游戏场地进行变化，由原来的长方形变成圆形，攻方自由分散在圆圈外，从而减少传球的失误。其次，沙包体积小，对守方造成伤害的可能性小，由于安全起见，可以将球换为自制纸球，既减少了造成伤害的可能性，又让学生养成了废物利用的习惯，还增加了参与的积极性，充分体现出教育性原则和趣味性原则。

4.模仿法

体育的创编与现实生活紧密联系，可以将生活中的见闻融入体育游戏。例如，学生特别喜欢模仿动物，动物的走、跑、跳、爬等都是学生喜爱的游戏动作，因此可以创编出更新颖、有趣的游戏。可以通过游戏让学生体会模仿动物的乐趣，发展学生的协调性，提高学生的灵活性和场上观察能力，培养学生的相互配合意识。

5.组合法

组合法就是把已经存在的东西重新组合而产生新的东西的方法。在体育游戏的创编中同样可以使用此方法，将体育中的基本技术选择两个或多个进行组合，创编出新的游戏，如"运球射门"游戏。在此游戏中，不仅用到了运球和射门两个基本技术，也将基本的直线运球改为曲线运球，增强了运球时对球的控制，发展了学生在运球中进行射门的能力。除了选择同种类型的技术动作外，还可以将不同类型的运动组合在一起，如将体能类项目和体育项目结合在一起，创编出"绳梯跑射门"游戏，除了让学生掌握射门技术外，还可以发展学生脚下快速移动的能力，让学生在快速运动的过程中进行射门，锻炼到学生的反应能力。除了两种类型组合外，还可以多种进行组合，如"钻、爬、跑"游戏，通过基本的身体活动锻炼学生的综合身体素质。

第二节　中学体育游戏教学的组织分析

一、体育游戏教学活动策略

（一）加强体育教师对体育游戏知识的学习

学校体育教学要发展，就要转变教师的传统观念，更新知识，强化教学能力。体育教师必须加强自身素质学习，提高教师整体业务水平。面对身心发展已经接近成人，但还不够成熟的中学生，他们对外界的感知和学习模仿能力都比较强，因此，体育教师需具备良好的自我形象和丰富的内在知识结构。身为中学体育教师，在运用体育游戏的时候除了要讲述游戏相关的规则和要求外，还涉及很多其他方面的体育知识和育人道理，所以体育教师必须具备渊博的体育游戏学识，掌握多方面的相关知识。

1. 细化体育游戏内容，优化体育游戏组织方式

大多数体育教师认为体育游戏在体育教学中是重要的教学手段，学生也很喜欢体育游戏，因此要提高体育教师运用体育游戏的频率。

教学组织是体育教师根据游戏特点、教学内容、教学任务等实际情况，对学生、场地器材进行合理安排所采取的措施。体育教师教学组织水平的高低直接影响体育游戏在体育教学中运用的教学质量，体育教师教学组织既是衡量体育教师主导作用充分发挥的因素之一，又是现实教学任务完成的重要环节。体育游戏的服务对象是学生，体育教师要充分了解学生各个方面，学生最喜欢的教学组织方法是师生互动，体育教师要以师生互动为主要游戏组织方式实施体育游戏，师生共同在体育游戏中体验到游戏性，达到心灵的交流。

2. 整合体育游戏结构与布局，强化体育游戏评价

在体育教学中，体育教师可以根据学生的需要，适当增加体育游戏的时间和频率，改变游戏应用的部分，并根据不同的教学内容和教学对象，布置与之相适应的体育游戏。学生之间的兴趣存在较大差异，关注

每位学生的个性、综合学生的兴趣方向是体育教师选择体育游戏时应考虑的范畴。在实施体育游戏过程中，体育教师可以根据实际情况改变游戏的内容和规则，从而有利于体育教学，达到体育教学的特定目的，有效提高体育教学质量。

体育游戏的评价是对体育游戏运用后的信息反馈，对体育游戏的评价是体育教师运用体育游戏教学能力的自我提升，也可以提高学生对待体育游戏的积极性和认同感。在体育游戏运用结束后，体育教师应该针对不同的受益群体给予不同的评价，做到因材施教，做到让每位学生都能理解，这样在今后的体育教学中学生才会积极参与进来。必须提高体育教师对体育游戏评价的频率，做到每次游戏后都有评价，评价的内容应对不同人群采用不同的评价指标，做到因材施教，合理对待每一位学生的发展空间，这样在今后的体育教学中学生才会积极参与体育教学。

3.完善体育游戏认知，丰富游戏储备量

在学校组织的培训与进修，购买体育游戏相关教材与资料的基础上，体育教师还要不断加强自身学习，提高自身业务水平。体育教师可以从四个方面进行学习，完善对体育游戏的认知，丰富体育游戏的储备量。

（1）积极参与学校组织的培训与进修活动。为促进体育教师自身专业成长，提升整体师资队伍素质，实现全面发展和可持续发展，体育教师必须积极参与学校组织的培训与进修活动。

（2）钻研现有的体育游戏教材。认真阅读现有的教材，了解教材的整体结构及前后联系，获取自己所需要的信息，将这些信息适度转化、整合并优化进教学活动之中。

（3）网上获取最新信息。"新理念、新课程、新技术"是提高体育教师实施素质教育能力和水平的重要措施，切实引导体育教师深入探讨课堂教学规律，努力打造高效课堂，提高教育教学质量。

（4）同事之间相互交流。通过同事间的业务交流丰富自身的体育游戏储备量。

4.提高游戏创编频率，提升体育游戏相关科研意识

体育教师要转变传统观念，更新知识，提高体育游戏创编频率。学

生喜欢有创新、有意义的体育游戏，因此体育教师要根据高中生身心发展的需要，结合本校的实际情况与特色创编出适合他们的体育游戏。体育教师是科学知识与运动技能的传播者和组织者，他们把先进的科学知识和运动技术教给学生，这些先进的科学知识和运动技术源于体育教师的不断学习与研究。因此，体育教师要增强体育游戏相关科研意识，牢固树立终身学习的理念。

（二）协调各部门管理机制

1.制定体育课程评价管理体系

学校应当制定体育课程评价管理体系，从体育课程、教学改革等多方面提出具体要求，可以从以下几个方面入手。

（1）增加体育课时或课外体育活动。严格按照国家课程方案和标准，保证体育课时和学生体育锻炼的时间，开足开好体育课，鼓励有条件的学校适当增加体育课时或增加课外体育活动。

（2）学生对体育教师进行评价。为了监控体育教学质量，在发现教学优点和长处的同时推行我国素质教育"学生主体，教师主导"的教学模式，可以结合本校实际情况开展"学生评体育教师"活动。

（3）以公开课、观摩课为载体。突出"新理念、新课程、新技术"，提高体育教师实施素质教育的能力和水平，切实引导体育教师深入探讨课堂教学规律，钻研教育教学方法，努力打造高效课堂，提高教育教学质量，真正做到使学生"一听就懂，一学就会，一用就灵"，在体育教研组负责人的带领下形成"人人都上公开课，天天都听公开课"的良好教学氛围。

2.完善体育教师培训制度

体育教师自身就是体育课程资源，也是学校体育教学的实施者，因此体育教师队伍建设是提高体育游戏在体育教学中运用的关键因素之一，加强体育教师队伍建设是一项重要工作。

完善体育教师培训制度，为体育教师增加体育游戏进修与培训机会，加强体育教师到外校交流与学习的意识和能力。实施"请进来，走出去"政策。"请进来"即各个学校之间建立定期合作学习制度，相互交流体育游戏的教学经验，开发和引进新的体育游戏项目，注重体育游戏内容的丰富性和组织形式的多样性，这样才能吸引学生参与体育运动的兴趣。还可以定期邀请骨干教师前来指导和培训，从而提高体育教师的专业能力与理论知识。"走出去"是把本校体育教师送到外校学习的政策。结合体育教师自身实际情况，尽量安排能力强、事业心强的年轻体育教师到外校有目的、有计划、有步骤地进行学习与培养锻炼。通过学习与培训，提供外校一些较好的体育教学方法和教学理念，并以笔记、视频、教案等形式呈现给其他体育教师，以供体育教师一起学习，同时解决体育教师的困惑。

3.订购或编写体育游戏教材等相关参考资料

教材作为教学过程的三大要素之一，是体育教师上课的重要参考资料之一，是实现培养目标的重要课程资源。按照有关学生的体育课教学规定：以健身为主，竞技为辅。体育游戏正好体现其面向全体学生、大众化、健身娱乐为一体的体育锻炼方式，重点是让学生在乐中学，体会学中乐，为学生的终身体育打下坚实的基础。运用体育游戏进行体育教学应当根据现代学生的身心发展特点，选择具有合理性与科学性且适合他们的体育游戏内容。因此，正确订购体育游戏教材显得尤为重要。另外，学校在为体育教师订购体育游戏相关教材及参考资料的同时，应积极鼓励体育教师编写符合高中生身心发展需要，且具有本校特色的体育游戏，促进体育游戏的长期发展。

（三）加大宣传力度，强化学生对体育游戏的认知

要强化学生对体育游戏的认知，首先需要加大宣传力度。学校可以定期组织趣味体育竞赛或体育游戏竞赛等，利用体育游戏的健身、娱乐、竞争、教育等功能，激发学生的运动激情，将快乐体育、阳光体育的理念深入每一个学生的内心，让学生充分认识到体育游戏的概念、特性及功能。其次，体育教师在实施体育游戏教学前应向学生普及体育游戏相关知识，在体育游戏结束后要有针对性的评价，以此提高学生对体育游戏的认知。再次，体育教师在体育教学实施体育游戏过程中应遵循针对性原则、循序渐进原则、教育性原则、因地制宜原则、锻炼性原

则、趣味性原则、安全性原则，强化学生对体育游戏的认知。最后，鼓励学生自己创编有意义的体育游戏，充分实现学生的主体地位，展现学生的创编能力，同时强化学生对体育游戏的认知。

二、体育游戏教学活动的应用路线与注意事项

（一）体育游戏的应用路线

1.在基础教学中的应用

如果能合理地将体育游戏穿插在基础教学内容中，将有助于活跃课堂气氛，充分调动学生学习体育技巧的积极性和主动性，其目的就是有意识地促动肌体生理惰性，刺激人体的机能在最短的时间内进入"工作"状态，从而帮助学生集中精力，进入良好的准备教学状态。可选用一些简单易行的报数游戏，吸引学生的注意力，提高其兴奋性，使其进入准备状态。在教学中，教师可以选用游戏法。

2.体育游戏在技术提升教学阶段的应用

在体育教学中，必须明确一个观点，即学生才是教学中的主体。在教学过程中，只有充分调动学生的积极性，让他们积极、主动地参加学习和训练，才能起到事半功倍的效果。体育游戏法在教学中的运用可以改善教学气氛，提高学生学习的积极性，促进运动技能的形成。在体育技能选项课中，体育教师应该多发挥主观能动性，编创一些适用的体育游戏法，便于学生在轻松愉快中掌握技术动作要领。

3.体育游戏在训练综合能力教学阶段的应用

体育游戏在体育技能教学中的应用，关键在于体育教师把单调枯燥的体育技能技术练习创编为生动活泼的竞赛游戏教学，使其具有游戏和娱乐的特点，能够充分调动学生学习的积极性，有利于提高教学质量，完成教学任务。

在实际教学中需要注意的是，体育游戏运用于体育技能技术动作教学中要注意把握时机。动作技能熟练并且稳定后，需要巩固和提高期间，要不断利用游戏方式增加学生对基本技术要领的演变和难度的提高，这样才更有利于将学校推入下一个阶段，也能进一步激发学生学习

的热情。通过教学实践这种游戏法能够极大地带动学生学习的热情和兴趣，并且也易于学生接受。体育游戏既能使全身肌肉群得到活动，也能够让体育教师感受教学的轻松愉悦，极大地提高了学生和体育教师的兴奋度。但由于体育教育结束阶段是要使学生大脑皮层运动神经元的兴奋度逐渐恢复到相对安静、平和的状态，让整个身体机能和运动器官得到放松，所以在结束阶段安排放松活动时，就要考虑游戏的轻松性和趣味性，以最佳的方式帮助刚刚结束剧烈运动的学生从紧张的运动状态恢复平静，做到身体和心理的放松。拉伸可以起到放松的目的，如拍打法、甩腿、双人背靠背，尽快使学生由神经系统和运动系统高度兴奋状态恢复到相对安静的状态，尽快投入其他学科的学习中。

（二）体育游戏法在体育教学中的注意事项

1.游戏前的准备工作

教师在上课前应该根据教学的内容和需要，清晰自己选择授课游戏的目的。有一些游戏可以作为基础教学的辅助性教学出现；有一些游戏则是为了学生更好地进行热身活动，调动其运动的积极性和兴奋度；还有一些游戏是为了放松肌肉，增强或恢复体力、耐力。只有清晰各游戏的目的，才能将场地、人员、游戏等所需的教具准备充分，更加有利于教学工作。

2.游戏的合理性和时间比

在体育技能教学中，由于教师面对的学生正处在思想相对成熟期，也形成了自己鲜明的个性特征，既具有一定的独立意识，同时又以一个团体形式存在，教师在教学中设计和组织游戏时就要充分考虑以上因素，在游戏中既要展现学生的个性特长，又要有意识地考察和培养他们在游戏中团队意识的养成。在安排游戏的过程中，要注意人员分组的合理搭配，这样才能充分调动各组队员的积极性和主动性，并增强游戏的竞争性，研究意图也将更能充分得以体现。同时，要注意游戏教学所占课堂的时间比，根据实际教学内容需要安排游戏时间。所以，在设计和编创游戏时，体育教师要从实际情况和具体要求出发，结合教学进度，结合时间比，对游戏项目进行有计划的改进和创新，制定更新、更有趣味性的游戏规则。只有这样，才能使游戏更加趋于合理化，更加有科学性，从而实现游戏辅助教学的目的。

3. 游戏过程中注意强调组织性和纪律性

在体育教学的游戏中，必须遵守组织性和纪律性，这是原则要求。一旦分组搭配方案确定，各个小组成员就必须按照既定的游戏规则和方法开展游戏。投掷项目及跑动中进行的游戏和球类游戏对组织性和纪律性的要求更严格，更要有步骤、有次序地进行。

4. 注意游戏的结束与评判

在教学中，体育教师要在恰当的时候结束游戏并做出评判。例如，当规定的游戏时间已到或已经完成了预期的教学效果，就应该明令游戏结束。游戏结束后，要对参加游戏的人员给出评价，要通过比较评出优劣，对成绩优异、表现突出的学生给予表扬，同时提出再进步或要注意的事项；对于失利方要给予鼓励，争取下次能够取得胜利，圆满完成游戏任务。

三、游戏教学法的一般要求

（一）体育游戏的讲解和示范

1. 体育游戏的讲解

体育教师在课堂上的讲解也有很多的要求，如应该尽量自己面对太阳，不让学生直面阳光，站在一个能让学生听清自己语言的地方；在练习技术动作的时候，应该先集中进行讲解，之后分组练习中再分开对出现的问题逐一进行讲解；讲解时必须做到语言简洁、明了，讲清楚体育游戏的规则和方法，提醒学生注意安全。

2. 体育游戏的示范

体育教学中，体育教师的示范是最为重要的，学生的直观感觉有利于更快、更好地学习技术动作，所以体育教师示范的位置也是要刻意注意的。例如，学生成横队站立时，体育教师应该站在中心位置；学生弧形站立的时候，体育教师应该站在圆弧顶点；学生站成几路纵队时，体育教师应该站到前面三分之一处。做示范动作的时候，体育教师要将动作做清楚，细节做到位，让每一名学生都能清楚地看到正确的动作是什么样子的，边做边配合讲解，让学生从直观和语言全面理解和认识这个游戏。

（二）体育游戏法的选择依据

1.根据教学内容选择游戏

选择体育游戏时要根据教学内容选择，让学生在轻松的氛围下进行体育锻炼，培养学生对体育锻炼的兴趣，让学生能够喜欢上体育。可以在基础练习中植入体育游戏法，设计一些契合基本功练习的游戏或一些游戏竞赛，让学生在轻松愉快或竞争的氛围里锻炼身体，从而达到很好的练习效果。

2.根据授课学生的数量选择体育游戏

在运用体育游戏进行教学时要注意学生的数量，要能充分调动每一个学生的积极性，照顾每一个学生的情绪，这就要求体育教师在游戏设定和规则上面能考虑详细。

3.根据学生的特点选择体育游戏

中学生正在生长发育的关键阶段，因此选择游戏的时候不要选择负重类的游戏项目。针对男生的心理生长条件，可以多选择一些竞技类的游戏项目；女生相对安静，可以选择一些技巧类的游戏项目；对于身材较胖、协调能力差的学生，可以选择一些相对容易的游戏项目。所以，体育教师在选择体育游戏法的时候必须考虑学生的特点。

4.根据场地器材选择体育游戏

在选择游戏的时候，体育教师要考虑学校的场地限制和一些器材的使用，在植入体育游戏法的时候要考虑场地器材的情况。

5.根据授课结构选择适合的体育游戏

在课堂的开始部分，可以选择一些小运动量的游戏；在课堂的基本部分，应该根据所学技术动作设计相应的游戏，以此达到辅助练习的目的；在结束部分，可以选择一些放松、有趣、幽默的游戏，如反口令、跳放松操等。所以，体育教师在植入体育游戏法的时候一定要考虑课堂结构的情况。

（三）做好安全、裁判工作

体育课的预防安全工作一直是排在所有工作前面的。由于体育游戏的特殊性会使学生在课堂中更加兴奋，同时一些有竞争性的游戏也会让学生在比拼中更加激烈，很容易发生意外，产生安全事故，所以教师应该做好充分的安全防护措施，维持好游戏秩序，引导学生正确对待。

（四）做好游戏教学的总结

在一局游戏结束后，体育教师应该根据游戏进行中出现的一些问题进行总结。对于在游戏中表现好的学生可以予以表扬，让学生有成就感。

第三节　中学体育游戏创编的步骤

一、选择素材并确定创编方向

根据创编目的及依据选择素材，选择素材时应注意四点。

第一，选择有科学性的游戏素材。判断事物是否符合客观事实的标准是否具有科学性，选择的材料必须符合参与者身体、心理和社会适应等特点以及它们是否能够发展和提高游戏创编所针对的身体素质和技能。因此，选择科学的游戏资料是创编体育游戏的基础。

第二，选择有趣味性的游戏素材。趣味性是游戏的本质特性，体育游戏的主要目的是提高学生对体育运动的兴趣。在选择游戏素材上，趣味性是不可缺少的一部分，并且在体育游戏中占有足够的比重，学生通过游戏的形式能够增加他们对体育的兴趣并提高他们的技能。

第三，选择有针对性的游戏素材。针对性原则是体育游戏创编的基本原则之一，是指在游戏创编过程中，根据学生的年龄阶段、技术水平、身心发展等条件，选择合适的游戏内容、方法手段和运动负荷、符合实际需要。在选择体育游戏素材时就要发现游戏参与者所要发展的某一项技术技能或素质，如热身类、传接球类、运球和抢截球类等。

第四，选择有普适性的游戏素材。这个选择要求符合体育游戏创编的针对性原则，在游戏素材的选择上要注重各类人群的普遍适应性，通过游戏的形式使体育运动得到普及。

二、确定体育游戏的创编结构

（一）体育游戏的名称

游戏名称的确定应简单明了，突出主题，主要可以从三个方面思考命名：一是以游戏的内容命名，如定颠球大战、运球射门等；二是以游戏的形式命名，如踩拉球接力、击鼓传球等；三是以游戏的场景命名。除根据游戏本身特点直接进行命名外，还可以拟喻命名，就是以游戏的内容或形式的主要特征为依据，采取用模拟与比喻的方法命名。在游戏命名时要注意，名称应简单易懂、名实相符、游戏的内容与形式相关。

（二）游戏的目的和对象

体育游戏创编设计的核心是确定体育游戏目标，也是体育游戏创编设计的前提。体育游戏的创编要符合游戏学生的年龄阶段、技能水平及身体状况，目的是通过参与体育游戏让学生了解体育运动，对其产生兴趣，养成参与校园体育运动的习惯，最终促使学生达到新的发展水平。目标内容由年龄、性别、身心发展特征、现有技能技术水平等多个方面选择确定；在游戏目标表述时，使用与学生年龄阶段相符的语言表述以吸引学生对游戏的参与兴趣。明确游戏对象，根据不同的年龄阶段及其教学要求进行下一阶段选择确定创编的方法和素材，只有明确了目的和对象，创编出的游戏才具有针对性和时效性。

（三）游戏的方法

游戏方法要精简扼要，通过阅读后基本掌握游戏的方法吸引学生，提高游戏的组织效率，使游戏的使用率得到提高，易于推广。

在游戏的组织中包括：游戏的准备，如器械、器械摆放位置、场地

位置、场地的大小及游戏的分组。游戏的组织形式，如接力、追逐、攻防、比远、比快等。游戏的队形，如纵队、横队、圆形、十字形、三角形等。游戏的路线，如直线、曲线、往返式、围绕。游戏的接替方式。例如，交物式以接力棒、体育或其他物品为信号进行接替；触碰式，本组前后或是两个同伴以身体接触的方式，如击掌进行接替；过线式，越过底线进行接力。

（四）体育游戏的规则

规则是体育游戏顺利开展的重要因素。规则相对可以分成三个方面：一是侧重控制整个活动局面，维持活动纪律和秩序，如规定游戏的总时长、规定轮换组数等；二是指导学生在游戏中的动作细节、动作技巧的规则，如游戏中要求学生在捡球过程中不能用双手去抱球，与同伴接力时必须有明显地击掌动作等；三是要明确规范与犯规、成功与失败的界限。

既然制定了规则，那么在执行中就要严格实施，做到公平公正。规则要有一定的灵活性，针对不同人群及游戏可以适当地改变规则，使创编出的游戏更好推广，更具有针对性和实用性。

（五）体育游戏的教学提示

教学提示主要根据游戏本身及学生的特点及个体差异性设定，主要包括三个方面的内容。

第一，根据游戏对象的年龄和体育技术水平对游戏进行加难或减难的处理。例如，"运球射门"游戏，可根据学生的体育技术水平改变运球的脚法，通过同一游戏发展学生不同的技术动作，也可对游戏场地的大小进行调整。

第二，根据游戏的参与人数增加或减少分组。这一提示适用每个游戏。根据游戏的时间、参与的人数改变游戏的组数，做到既有运动量又不会让参与者感到无聊。例如，在"拉球接力"游戏中，将参与者分为两组，在圆圈上相对站立，如此时参与者较多，可将参与者分为多组分散站在圆圈上，为了方便组织与识别，可用不同颜色的体育或分队服进行区分。

第三，根据游戏的目的。每个体育游戏都有其相对应的游戏目的，如"颠球大战"游戏的目的是让学生体会控球技术的运用，掌握颠球技术的基本方法，锻炼学生脚下控球能力。为了突出该游戏的大众性，目的中没有明确规定颠球部位，所以在教学提示中就提示游戏组织者可根据实际情况规定颠球部位。

第四节　中学体育游戏创编的种类

一、体育语言文字类游戏创编与设计

学生语言教育是学生教育的重要组成部分，学生主要接触的两种语言有语文教育和英语教育。体育游戏可以使语文教学的交际语言教学变得生动有趣，充分调动学生的学习积极性。同时，学生积极向上的情感态度得到了培养与发展，自主学习性也得到了充分的发挥。创编语言文字类体育游戏有利于学生智力智商的发展、创新精神的培养；培养团队合作精神，促进健康成长；增强参与意识和竞争意识，提升学生学习的效率。所以，在体育教学中需要充分发挥体育游戏的多元效应，根据体育游戏的特点，把语言文字知识适当地融入体育游戏，让学生在体育游戏中主动运用语言文字，培养学生在体育游戏中学会使用和理解语言的能力。

二、体育数学计算类游戏创编与设计

创编体育数学计算类游戏必须注重学生群体的参与性和发挥学生的主体作用。人的主体性决定了活动应该是自主的。在智力发展理论中，体育数学计算类游戏作为一种教学活动形式，应该考虑处于不同智力阶段学生的发展特点，根据他们的智力与心理发展特点创编与设计游戏。

体育教师通过体育数学计算类游戏激发学生的积极性，引发学生的求知欲，因而学生的逻辑思维能力将得到更好的锻炼。创编体育数学计算类游戏，保证游戏具有一定的游戏性。首先，要激发学生的学习兴趣，保证游戏的题材具有游戏趣味性，要能吸引学生的注意力，能够使学生乐于接受。其次，要促进学生与教师之间的合作交流，培养学生的探究精神，促进学生健康成长。再次，游戏形式与内容应该具有科学性，有助于学生对数学知识的认知与理解。体育数学计算类游戏要体现数学研究的思维方法和应用价值，同时兼具体育游戏锻炼身体的作用，给学生营造广阔的思维活动空间，开放其思路。最后，游戏内容具有一定的难度，以激发学生解决问题的能力，使学生能够在游戏中学到数学的相关知识。

三、体育艺术表演类游戏创编与设计

体育艺术表演类游戏是集艺术表演和体育游戏于一身的一种学生活动形式，也是学生自娱自乐的一种表演形式。体育教师应选择适合学生身心发展健康的体育游戏活动内容或故事，选择的故事内容应多角色、多场景、多变化的对话，且游戏目的性明确，能充分发掘学生的创造表演能力及想象能力。

创编体育艺术表演类游戏时要注意三个方面：第一，在表演类游戏中，要选择学生学过的一些词语或者故事。第二，体育表演游戏是一种表现能力锻炼，需要参与的学生有一定的生活经验，体育教师需要与学生相互交流分享其生活经验，便于学生更好地表演。第三，体育教师对体育表演类游戏进行评价是体育游戏进一步推进的重要手段，评价时间可以选择在游戏结束后或下次游戏开始前。评价不但可以是体育教师对游戏的评价，学生之间的相互评价也是非常重要的。

第五节　中学体育游戏创编的教学思路

一、体育游戏创编中有关问题的思考

（一）游戏创编要遵循创编理论依据，并注意理论联系实际

体育游戏创编时要依靠理论支撑，紧紧围绕游戏理论和体育技战术特点，做到主观和客观、理论与实际、知行的统一。在创编过程中，首先要遵循游戏的定义，其次要遵循体育游戏的创编原则。通过查阅各种游戏创编过程可知，在体育游戏创编过程中要依照先构思设计再实验验证，然后反馈不断修正的过程。因此，体育游戏创编要注重理论与实践的结合。实践是检验真理的唯一标准，一个好的体育游戏是需要不断进行游戏试验出来的，透过游戏的进行可以清晰地看到参与者的状态变化、游戏进行得是否流畅、竞争对抗是否激烈等，以不断改进和完善游戏。

（二）游戏创编要因地制宜、因材施教，做到灵活应变

体育游戏的创编要因地制宜、因材施教，做到灵活应变，切实适应课堂的教学需要和学生的具体情况等。例如，在体育教学中，有的课是新授课，有的是复习课，由于课的目标和任务的不同会导致在课的结构中教学内容的练习发生改变，这时体育游戏就应结合课的类型、结构进行选择和创编。同一个游戏也会因为场地的大小不同而变换规则等，因此要做到因地制宜，选择合适的游戏范围，如在小场地环境下可以增加游戏密度等。

（三）游戏创编要达到"强身健体""寓教于乐"

多方面素质全面发展体育游戏的趣味性特点在教学中的应用，可使学生对体育产生兴趣，并能促进学生身体素质的发展，还可以消除精神压力、减缓不良的学习情绪，促进学生身心素质的全面发展。因此，在

体育游戏创编时牢记体育游戏的定义决定了它属于游戏，必然要遵从游戏的基本属性，要遵循健身性、趣味性的特点，达到强身健体、寓教于乐的功效，并且能够促进游戏参与者身体、智力等多方面素质的全面发展。

（四）游戏创编发扬创新精神，促进游戏多样化发展

通过查阅各种体育游戏的创编过程可以看出，大多数体育游戏在创编的过程中都运用了创新性原则。创新是保证体育游戏健康发展的根基，只有不断地创新，才能让其源源不断地涌出新颖有趣的体育游戏，让体育游戏不单单是身体素质、基本技战术类游戏，还能丰富出更多适应时代的新的游戏。所以体育游戏创编中应注意吸收新信息和新观点，了解体育活动、新趋势、新方向，采用新的手段反映时代特征和科学成就，使游戏内容达到新颖性，从而使学生产生对排球课学习的兴趣。

（五）提高体育教师综合素质与水平

现代体育教育教学对体育教师的要求越来越高，体育教师也应该不断提升自身的素质与水平，一专多能的体育教师更能适应这个时代的发展。在体育游戏的创编与运用中，体育教师应当因材施教，根据学生不同的特点分组进行针对性游戏教学。

（六）体育游戏内容和方式需要不断创新

在创编与运用体育游戏时让学生参与进来，既可以体现学生的主体地位，又可以发挥学生的创新思维能力，找出最佳的游戏方法。

（七）游戏内容选材源自日常生活

创编体育游戏时，可以选择与生活贴近的游戏，让学生产生熟悉感，从而促进学生积极参加。

（八）体育游戏创编与运用的安全性第一

创编体育游戏时从设计游戏动作的安全隐患、组织教学是否合理、安全使用器械、游戏规则的制定、选择场地等实际问题出发，避免在游

戏过程中伤害事故的发生。

二、创编体育游戏的积极作用

（一）体育游戏教学促进学生基本活动能力水平的发展

相对于传统教学方法，体育游戏教学在学生体育活动参与的积极性上有明显效果，极大地激发了学生学习的热情，充分施展了其学习的主动性。

体育游戏教学对于学生的基本活动能力提高是非常有效果的。学生的身体素质与基本活动能力的锻炼是相辅相成的，学生基本活动能力的提高也促进了学生的身体健康发展。

（二）体育游戏教学培养学生爱好体育、终身体育的意识

学生学习体育的态度、兴趣和习惯都属于非智力因素范畴，它们之间相互关联、互相促进和影响。体育游戏具有趣味性，学生参与游戏活动的兴趣浓厚，是学生良好体育锻炼习惯的催化剂。对于学生来说，只有游戏才能激发他们的积极性，从而主动参与体育锻炼中。对于体育教师来说，如何合理运用体育游戏、如何引导学生保持正确的学习体育的态度是重中之重。因此，体育教师合理运用体育游戏，端正学生的体育学习态度，培养他们的体育锻炼习惯，最终可以使学生拥有爱好体育、终身体育的意识。

（三）体育游戏教学促进学生文化学科成绩的提高

体育游戏以寓教于乐为主，其主要功能是锻炼学生的基本活动能力，同时又不磨灭学生的积极性。在体育游戏中，特别是低年级的学生，教学以玩为主，体育锻炼负荷不应过大。针对这样的情况，可以在体育游戏中加入一些其他课程内的知识，如数学、语文、表演等。通过实验研究，体育游戏的内容具有多样性，体育游戏的功能不仅仅是辅助体育教学，也有辅助智力教育或开发智力的功能，从而能促进学生对文化课程的爱好与兴趣。在加入智力因素的体育游戏中，不光只有运动能

力出色的学生可以赢得胜利，动脑能力强的学生也有可能在比赛中获取胜利，这样对于游戏来说更加公平。因此，体育游戏不仅仅在体育教育层面上有促进作用，在体育游戏中融入文化学科内容，对于提高学生文化学科成绩也是有效的。

（四）体育游戏教学促进学生心理素质和社会适应能力的提高

与传统体育教学相比，体育游戏教学方法对于提高学生的社会适应能力更有效。体育游戏是最适合学生心理发展的，学生在参加体育游戏过程中担任不同角色，遵循游戏规则，适应不同情境下的不同角色，体验成功的喜悦与失败的苦痛，从而锻炼学生心理承受能力和社会适应能力。

第六节　中学体育游戏创编在教学应用的多元效应

一、体育游戏对学生基本活动能力的影响

通过数据分析，经过体育游戏的锻炼，学生在基本活动能力方面和身体素质上会有明显的提高。游戏活动除了锻炼身体和全面提高身体素质的任务，如速度、灵敏、力量、耐力、柔韧等，还有培养基本活动能力的任务和人体的基本活动能力。学生参加体育游戏主要出于他们的直接动机，体验有趣的游戏过程，所以参加游戏是他们发自内心自觉自愿的行动，这种自觉自愿的行动可以发挥他们最大的主观能动性，所以学生在体育游戏中能达到最好的身体基本活动能力锻炼效果，这是任何体育手段不能比拟的。体育游戏不仅让学生在课堂上玩，更重要的是能够达到寓教于乐的效果。体育教师可以通过组织学生进行一系列活动游戏，培养学生从小热爱环境的意识。体育游戏活动的教学方式比传统讲解知识的教学方式能收到更好的效果，将知识与动作融入体育游戏，会让学生在不知不觉中学习到日常生活中的知识，提高其基本活动能力。

二、体育游戏对学生体育学习兴趣与活动水平的影响

教学内容、活动的组织形式，体育教师对学生的关心和指导，体育教师的教学态度等多种因素都是影响学生对体育课能否产生兴趣的影响因素。学生热爱体育，对体育课产生兴趣，原因是学生可以在体育课中尽情自由活动和表现自己。体育教师在体育游戏教学中，对参与的所有学生合理地进行组织与安排，促使学生积极参与游戏，给予他们展现自我的机会，让他们产生成就感，因而使学生产生体育学习兴趣，更乐意上体育课。体育教师是体育教学的主导，而学生是教学的主体，在体育课上只有将好的游戏教学内容和好的活动组织形式展现给学生，才会让学生积极地参与游戏。每一个学生都希望得到同学和教师的赞赏和认可，教师的一个手势、一个眼神，对于学生来说都是莫大的支持，会促使学生更积极、努力地投入体育游戏活动。体育教师在游戏教学中可以从组织者的角色变为参与者，与学生一起互动交流，让学生以轻松的心态参与体育课。

新课程实施以后，体育教师与学生的角色被重新定位，学生成为体育课的中心，特别在体育课上，体育教师要尽量少讲专业知识，多留给学生活动的时间，让学生在娱乐活动中主动学习技术。

三、体育游戏对学生文化学习兴趣的影响

体育课堂更多以玩为主，采用"寓教于乐"的教学形式。这就需要教师在体育课堂上尽量多给学生活动空间，组织他们进行体育游戏，让学生充分地活动身体，同时获得多方面的知识。把语文、数学课堂知识穿插在传统游戏中，不仅可以开发学生的大脑智力，还可以培养良好的文化学科的学习兴趣。在体育游戏中穿插语文数学或其他学科知识，有利于学生活学活用。

四、体育游戏对学生心理素质和社会适应能力的影响

有游戏就有规则，有游戏就有竞争，这是体育游戏的重要特质。体育游戏的这种特质对于培养学生的心理承受能力与竞争意识具有非常好的效果。学生可以依靠体力、智力、技巧、勇气以及与同伴的合作、集体的力量等因素在体育游戏中努力获取胜利。学生的积极思考取得的胜利不仅体现了体力、智力和集体力量的竞争，还锻炼了学生的竞争意识与思维能力，而比赛的胜负更是锻炼了学生的各种心理素质。体育教师除了运用教材内的规定游戏，还可以根据学生的个性与思维，引导和鼓励学生对游戏的组织形式和规则进行改进，给予学生发挥想象力和思维能力的空间。

体育游戏的素材大多来自生活，体育游戏离不开社会元素。体育游戏教育不但可以对学生进行生活教育和安全教育，也可以增强学生的社会适应能力。有趣的体育游戏教学内容直接影响体育课的学习气氛，好的学习气氛可以愉悦学生的内心，影响学生的性格与个性发展，改善人际关系，树立正确的价值观，产生积极向上的情绪，增强学生的自信心。

第八章　中学体育多媒体教学改革创新

第一节　多媒体体育教学的基本理论

一、研究动态

（一）多媒体发展概况

迄今为止，计算机技术的应用已经渗透到人类社会生活的各个领域，特别是教育领域，教育的内容和教学手段都发生了很大的变化。随着计算机的性能和功能不断增强，其应用范围不断扩大。目前计算机已经广泛应用于工业自动控制、通信与办公自动化、数据与信息处理、科研教育、多媒体开发和辅助设计等方面。如今利用计算机进行辅助教学已经成为改革教育教法、提高教学质量、探索教学思路的一种有效尝试，更是未来教育的发展方向。

从字面上看，多媒体是由单一媒体复合而成。人类在信息交流中要使用各种信息载体，多媒体就是指多种信息载体的表现形式和传递方式，"媒体"的概念范围是相当广泛的。"媒体"分为五大类：一是感觉媒体；二是表示媒体；三是显示媒体；四是存储媒体；五是传输媒体。

"多媒体"是指能够同时获取、处理、编辑、存储和展示两个以上不同类型信息媒体的技术，这些信息媒体包括文字、声音、图形、图像、动画、视频等。

"多媒体"实际上常常被当作"多媒体技术"的同义语。

多媒体技术有这样几个特性：集成性；交互性；非循序性；非纸张输出形式。

（二）现代教育技术发展简析

教育技术是现代教育学的一个重要概念，任何教育目标的实现都离不开教育技术。正如任何一门科学都有它的技术成分一样，教育也离不开一定的教育技术，它伴随着教育的产生发展而不断地发展和完善。教育技术是人类在教育活动中采用的一切技术手段的总和，它包括两方面：一方面，教育过程中需要的各种物质条件及其硬件技术，通常的物化形态或是体形，如教学模型投影仪、录像机、计算机等教学手段以及其相关技术；另一方面，指在教育过程中的一切方法，如系统科学方法学习模式，教育策略等。

教育技术的进步推动着教育的发展，积极应用现代教育技术是促进教育现代化、促进教育整体改革的必然趋势。现代教育技术是以计算机为核心的信息技术在教育、教学领域中的应用。由于现代教育技术的不断发展，计算机辅助教学已经是现代教学的重要手段，而计算机辅助教学的实现的手段便是使用多媒体。多媒体技术已广泛应用于教育、教学的各个领域，在体育教学中引入和发展多媒体技术也引起人们的关注，它的引入对于深化体育教学改革无疑有重要的意义。

二、多媒体应用于体育与健康课中的优势

（一）与教师的互补性

体育教学的主要任务之一，是使学生掌握一定的运动技能，并能在此基础上灵活的应用与创造新的运动技能。一个新的运动技能形成，必须通过体育教师用精练的言语讲解技术要领，示范动作过程学生通过听、看感知技术过程，而且"看"是学生的主要信息来源。这样就要求教师要有很高的技术水平和示范能力。随着多媒体的出现，多媒体课件已成为提高教学效果的有效手段。在体育教学中运用多媒体技术这一新的教学手段，对于解决这一问题将起到积极的作用。

（二）动作技术示范影响教学进程

多媒体技术在现实的教学过程中主要以多媒体课件的形式表现出

来，而多媒体的课件则是与教学内容紧密相连，且根据教师自身的需要而设计的。运用多媒体技术来解决教学过程中的重、难点，易如反掌，在教学过程中，把教师很难示范清楚的技术环节通过动画影像等方式表现出来，这样就可以帮助学生看清楚每个动作的技术细节，更快、更全面的建立动作表象，加深对动作的理解，缩短了泛化过程，对帮助学生快速掌握学习内容、提高教学效果是非常的明显。体育教师在制订教学计划时就会从全面发展学生的各项素质的角度出发，同时，制作运用多媒体技术的过程，也加深了体育教师对各项技术理解和认识的过程，提高了自身的知识水平和讲解技术要领的能力。

（三）提供直观感受——生动、形象、准确

1.提供直观感受

多媒体电脑教学最大的优点就是能给学生提供直观的感受，通过画面、图片、声音等综合性多媒体技术，带给学生生动的、真实的形象，并引导学生发展思维，帮助学生突破重点难点，提高教学质量。

例如，体育教师在上课时采用多媒体辅助教学，将前滚翻的整个技术动作借助教学软件，通过屏幕展示体育教师预先录制好的示范动作、图形分解以及将蹲撑—两手撑垫屈臂—低头—两脚蹬地—提臀收腹—重心前移团身滚动—枕骨、肩、臀部依次触垫—抱小腿团身成蹲撑的文字解释出示在相应动作的旁边，结合课堂上的需要使画面重复播放、讲解，加上体育教师在课堂上的示范，这样，学生的大脑中形成清晰完整的技术动作，练习起来便会更有劲，更主动，对动作要领便能直观理解，掌握技术动作也就更快。

2.讲解示范生动、形象、准确

讲解和示范是体育教学两大要素。讲解就是对动作技术的概念、原理和方法进行解释、分析和论证，它是体育教学中最主要、最经常的一种方式。因此，对于讲解的要求很高。

体育教师讲解时不仅要做到言简意赅、恰到好处，而且还要能够运用术语和口诀进行讲解，以达到确切地表达动作的技术结构和要领，使学生加深对所学动作的印象，建立完整的动作概念，从而正确地理解和掌握动作要领。讲解还要生动，体育教师要吃透教材内容，掌握语言技巧，运用贴切有趣的比喻进行教学，才能使讲解变得生动、形象、具体。讲解还要有针对性。体育教师要了解教材的重点、难点以及学生的实际情况，针对所要解决的问题进行讲解。如对动作的讲解，就要根据动作训练的三个不同阶段，而有所侧重和区别地进行讲解。

总之，在讲解过程中，要启发学生的思维，激发学生运用多种器官协同活动，使看、听、想紧密结合起来，使学生不仅知其然，而且知其所以然。若充分利用现代教育技术，以多媒体形式配合动作技术的分析进行讲解，就显得更简单得多，而且更直观、形象、有效。多媒体独特的动画技术和音像剪辑、粘贴组合技术，使学生如临其境，在强烈的逼真情境中领悟动作要领。应该说，将多媒体计算机技术应用到体育教学的讲解当中，必将具有传统教学无法比拟的优势。

示范是体育教师以具体的动作范例，使学生真实地感知动作，建立正确的动作表象的过程。正确优美的示范动作，可以提高学生的学习兴趣，并产生跃跃欲试的心理，所以体育教师的示范有着重要作用。但示范也要有较高的要求，若采用多媒体就可以做到准确、完整而且更有节奏感。体育比赛尤其是国际性比赛中运动员的动作不仅姿态优美，而且准确规范，以他们的动作做示范，效果显然要比体育教师直接示范好得多。也就是说，通过多媒体运用当今世界上最优秀运动员的动作做示范，体育教师要做的只是分解动作以及讲解每个动作的要领和作用，这样能给学生一项运动的整体概念。

（四）利用多媒体激发学生学习兴趣，发挥学生主体作用

1.合理运用多媒体，能有效地激发和调动学生的学习兴趣

教育心理学研究表明，学习动机中最现实、最活跃的因素是认识的兴趣，人们在满怀兴趣的状态下所学的一切，常常掌握得迅速而牢固。多媒体这一新生事物在学生的眼中是新鲜好奇的象征，在体育教学过程

中运用多媒体课件辅助教学，实质上是给学生一种新异的刺激，目的在于引导学生对新异刺激的探究反射，换句话说，就是采用新颖的教法手段激发学生的学习兴趣。例如，在教篮球基础配合时，运用多媒体技术，体育教师设计了一个篮球基础配合课件，利用声音、图像、动画表现篮球基础配合的全过程，比较形象地展现了篮球基础配合的动作要点、动作方法、移动路线等，帮助学生建立正确的动作概念，使学生快速地掌握此项技术。

2.合理运用多媒体，能发挥学生主体作用

学生应该是学习的主体，而教师是学习的主导。如果要使学生主动参与学习积极思考，亲自参加学习实践，就必须首先培养学生对学习的兴趣。多媒体系统传递信息具有很强的真实感和表现力，它以二维、三维图形模拟实际教学内容，声形兼备、动静结合；它以新颖的形式、丰富的内容刺激学生的视觉感官，形象、生动地显示教学内容，调动有意注意；它综合多种艺术手法，大大弥补了语言表达的不足，从而能很好地调动学生的学习热情，使学生大脑处于兴奋状态，利于培养学生的学习兴趣，发挥他们学习的主体作用。

上好体育理论课能为体育实践课打下良好的基础，对以后的教学、训练、群体活动等获得事半功倍之效。

多媒体组合教学是一种较先进的教学工具，是教与学的辅助手段。它以各种形式，从各个角度，从不同侧面，多信息、多视角、全方位、动态地表达科学道理，揭示自然的奥秘。因此，多媒体用于教学将具有广阔的前景。体育作为融知识传授、技能培养、身体锻炼为一体的学科更是大有用武之地，不论是体育理论课的教学还是体育技术课的教学，体育理论课的教学，如人体结构、人体生理、体育卫生保健基础常识等，如能利用多媒体教学，将会得到事半功倍的效果。图片和动画可以生动如实地展示人体的构造和功能。体育技术课的教学，如田径、体操、球类等采用多媒体教学同样有显而易见的优越性，通过视角形象展示规范动作，通过动画揭示动作的力学原理，学生耳闻目睹，既了解原理，又能将动作要领熟记在心，再有体育教师指导动作，运动技术定会迅速长进，将多媒体运用到体育教学中，使之成为传统教学的延伸、升华，从而优化课堂教学。

第二节　中学体育多媒体教学的重要性和可行性

一、概述

体育课是中学教学的主要学科之一，因此在进行体育教学过程中，不仅要重视理论知识的传播，同时要重视实践活动。多媒体教学是重要的实践活动之一，能够促进学生直观地掌握体育知识和技能，从而激发学生的学习兴趣，发挥学生学习的主动性，因此，要灵活地运用体育多媒体教学策略，为学生创造一个良好的学习环境，从而提升中学体育教学的质量和效率。

二、中学体育应用多媒体教学的意义

在中学体育教学过程中，应用多媒体教学是一种新型的教学和教育方式，通过计算机技术和多媒体技术的结合，对当下体育教学手段和教育对象有重要的影响，同时也是多媒体应用范围的又一次扩展。多媒体体育教学是一种现代化的教学手段，集中了多媒体技术中的视频、动画、文字、音频以及图形等，通过不同的表现形式，例如，情境创设、仿真、模拟等，有效地提升了体育教学的质量和效率。同时，多媒体也为中学生创造了一个直观性强、表现生动的学习环境，通过对以上不同形式的应用，学生在学习过程中能够快速掌握体育课程的概念，对跳高、跳远等体育项目的技术能够熟练地掌握，并对相关的动作规格和技术要领进行充分掌握。多媒体教学有动有静，通过多样化的表现形式让学生对体育课程产生兴趣，有效地满足了学生的基本需求，大幅地提升了中学体育教学的效率。

三、中学体育多媒体教学的优势分析

（一）通过多媒体交互性优势促进教学策略的实施

多媒体最大的优势在于有效的交互性，在实际的应用过程中，通过多媒体能够极大地扩展学生的交流渠道和讨论空间，同时也方便组织班级活动和小组活动。在体育教学过程中，通过多媒体技术使学生之间的交流更为便捷。多媒体教学在逻辑判断能力方面非常具有优势，能够依照学生的实际反映系统给予的判断和评价，从而了解学生对体育知识的掌握情况，应用适合的教学策略，让学生应用多媒体交互系统学到知识。从客观教学的角度分析，交互式教学比较符合当下教学规律的要求，在实际的教学当中，多媒体利用中性的语气为学生创造良好的学习环境，便于学生更好地掌握体育知识和技能。

（二）多媒体教学对学生的学习兴趣培养有重要作用

作为一种新型的教学方式，多媒体教学不仅能够激发学生的好奇心，同时可以让学生产生学习的兴趣。在体育教学过程中利用多媒体技术辅助教学，能够从主观上对学生赋予一种视觉刺激，让刺激作用于学生身上会产生意想不到的反射效应，也就是利用创新性的教学方法培养学生对体育课程的兴趣。而多媒体教学能够从触觉、听觉以及视觉上给予学生多方位的刺激，将知识通过信息方式的全方位展现给学生，从而提升教学的效率。同时，多媒体教学在以传统教学为基础的同时，有效地表现出了多媒体教学的优势和特点，让学生通过多样化的学习方式获取更多的信息，灵活地掌握体育课程的基本技能。

（三）获取丰富的教学资源

多媒体教学不仅符合当下教育的发展需求，也符合互联网背景下的发展趋势。通过多媒体技实现网络资源的共享，可以保障学生获取更多的专业体育知识和运动信息，同时体育教师可以利用多媒体技术收集和探究形式多样、内容丰富的体育运动资料库，扩充中学体育教材内容，扩展学生的体育视野，促进学生学到更多的体育知识，激发学生的学习兴趣，提升中学体育教学的质量和效率。

四、中学体育多媒体教学策略分析

首先，要从客观的角度来看待多媒体教学对体育教学的影响。通过应用多媒体教学，不仅能够辅助体育教师高质量、高效率地完成教学目标，同时能够提升学生的综合素质，所以要将多媒体技术有效地融入教和学当中，提升学生的综合素质。其次，要提升体育教师的多媒体制作能力。在教学过程中，教师起主导作用，所以，应用多媒体教学来辅助体育课程如何起到预期的效果，体育教师的多媒体制作能力占据着重要的作用，对此，体育教师要积极学习现代化教育技术和计算机技术，从而满足体育多媒体教学的需要。最后，要提升体育教师对体育教学辅助软件的开发力度。针对当前的实际状况分析，整体的软件开发水平有待提升，尤其是体育教学方面的软件，所以要高度重视计算机人才的引进，将体育教学和多媒体进行有效融合，提升体育教学软件的开发能力，从而满足多媒体体育教学的需求。

综上所述，在中学体育教学当中，多媒体技术作为一种新型的教学方式，对传统教育产生着重大的影响，通过对多媒体技术的运用，不仅能够将教学内容丰富化，极大地激发了学生的学习兴趣，同时辅助体育教师提升教学质量和教学效率。在引用多媒体教学时，要重视教学课件的制作，丰富教学内容，从而科学有效地应用多媒体技术辅助体育教学，促进体育教学事业的健康发展。

第三节　多媒体在中学体育教学中的应用

多媒体技术作为中学体育教学的辅助手段，是中学体育教学改革的必然趋势。在中学体育教学中运用多媒体教学手段，对教师、学生和教学效果都产生了非常重大的影响，使体育教学因此变得更活跃、更生动、更有效、更有趣味性。同时，运用多媒体教学手段也是优化体育教学过程，提高体育教学质量的一种有效途径。

一、多媒体教学的优越性

多媒体教学有利于信息技术与中学体育课程的完美整合，它的主要特点是可将复杂、深奥的理论及动作技术通过多媒体教学手段形象化，将抽象问题具体化、趣味化、事物表达动态化以及在单位时间内的大信息量；形象化、具体化、趣味化、动态化及大信息量的四化一量，可以突破时空的限制，在大与小、多与少、内与外、远与近、动与静、快与慢、曲与直、局部与整体、本质与非本质之间瞬间相互转化，使教学所涉及的事物与现象之间的联系或过程清晰地展现出来，从而营造良好的学习氛围。

计算机和网络的现代化使多媒体教学手段除利用传统的直面交流教学外，更多地采用交互式交流的教学活动，增进了师生间的交流，构建了教与学的和谐与统一。

二、多媒体技术在中学体育教学中的作用

（一）多媒体教学可以更好地激发学生的学习兴趣

兴趣是最好的老师，是求知的驱动力。引入多媒体教学形式后，借助多媒体技术，利用其生动形象的画面、直观的动作技术分解和演示，再加上简单易懂的解说，既新颖又富有趣味性，极大地刺激了学生的感官，吸引了学生的注意力。它可调动学生的情绪，从而激发学生的学习兴趣，调动学习的积极性，变被动学习为主动学习。

（二）多媒体教学可以突出重点、难点

多媒体教学的特点是在体育教学中，可以将需要掌握的动作技术的重点、难点，通过多媒体技术对整个动作技术进行分解、重播、定格、分析，多角度、多形式地展现在学生面前，让学生反复观摩领会。再加上体育教师的辅助讲解，可以使学生更清楚地了解动作技术的各个环节，给学生以视觉认识，从而使学生建立正确的动作技术概念，准确地掌握整个动作技术的重点、难点，实现教学目的。

（三）多媒体教学可以更新体育教学观念

多媒体教学手段的介入给中学体育教学方法的创新提供了一个崭新的思路。体育教师如何更新教学观念、教学内容和教学方法，充分利用多媒体教学与传统教学的有机结合，从单一的教学方法向多媒体教学方法转变已成为广大体育教师普遍关注的热点。因此，体育教师要不断加强对自身信息素质的培养，转变教学观念，创新教学方法。

（四）多媒体教学可以促进师生之间、生生之间的交流互动

多媒体的交互功能使学生积极参与教学之中，加强了师生之间、生生之间的交流互动，这对提高学生的学习素质、增强教学效果有很大帮助。在多媒体教学过程中，教学信息容量的增大以及多种形式的信息交叉释放，能够促进形象思维与抽象思维的和谐统一，使得学生对所学内容印象深刻、理解透彻，记忆牢固得多，从而大幅缩短了教学时数，减轻了教学负担，提高了教学效率和教学质量。

（五）多媒体教学可以促进体育教师提高自身素质

通过多媒体教学，可以有效地促进体育教师对教学手段、教学方法的深入研究，促进中学体育课的教学改革，促进体育教师教学思想与教学技能的更新和提高，并促进体育课管理模式的改革。掌握电脑知识和应用技能是体育教师获取、传播和利用知识的重要手段，也是体育教师应该具备的最基本的信息素质。因此，中学体育教师必须加强对自身信息素质的培养，提高自身的现代教育技术技能水平。

参考文献

[1]施小菊.体育微格教学[M].厦门:厦门大学出版社,2019.

[2]张天成,张福兰.中学体育教学设计[M].成都:西南交通大学出版社,2018.

[3]高书怡.中学体育课程教学探索[M].北京:现代出版社,2018.

[4]汪晓赞,田雷.中学体育与健康课程与教学[M].上海:华东师范大学出版社,2018.

[5]施璐,李桂英.体育与健康[M].长春:吉林人民出版社,2018.

[6]苏春昱,张俊杰.体育与健康[M].汕头:汕头大学出版社,2018.

[7]答英娟,包静波.体育与健康[M].北京:北京邮电大学出版社,2018.

[8]王静,李柏.体育与健康[M].北京:中国铁道出版社,2018.

[9]袁龙.体育与健康[M].上海:上海交通大学出版社,2018.

[10]杨艳生.体育教学改革与创新实践研究[M].长春:吉林人民出版社有限责任公司,2021.

[11]杨帆,许耀锋.体育与健康[M].西安:西北大学出版社,2020.

[12]陈善金.体育与健康[M].成都:电子科技大学出版社,2020.

[13]杨文.体育与健康[M].成都:电子科技大学出版社,2020.

[14]于欢.中学体育教学改革与创新研究[M].北京:航空工业出版社,2019.

[15]吴湘军.中学体育课程资源开发与利用[M].成都:西南交通大学出版社,2019.

[16]赵咏,李兵.中学体育教学理论与实践创新研究[M].延吉:延边大学出版社,2019.

[17]容浩.中学体育课程内容资源开发[M].沈阳:东北大学出版

社,2019.

[18]蒋灵敏.中学体育教学方法创新研究[M].延吉:延边大学出版社,2019.

[19]王博文,符运猛.中学体育教师教学技能评价研究[M].青岛:中国海洋大学出版社,2022.

[20]闫加穗,苏济海,范立.体育教学课程实施模式研究[M].西安:西北工业大学出版社,2022.

[21]谭军,郑澜.体育学创新理论研究与实践[M].长春:吉林出版集团股份有限公司,2022.

[22]周维纯.中学体育教学与创新研究[M].长春:吉林人民出版社,2021.

[23]邓映民.核心素养导向的中学特色体育校本课程开发与实践[M].长沙:中南大学出版社,2021.

[24]王昕光,赵云鹏.传统体育文化研究[M].太原:山西经济出版社,2021.

[25]朱晓菱,倪伟.体育健康与实践[M].上海:上海大学出版社,2021.

[26]姜振捷,徐云鹏.体育与健康[M].重庆:重庆大学出版社,2021.

[27]刘满文,罗崇忠.中学教育与教学管理[M].长春:吉林人民出版社,2021.